大學的蛻變——指南山下的創新實踐

吳思華等　著

目次

推薦序

風雨道南橋下　政大展現風華

政大是一間特別的大學，它以人文學與社會科學之教研為主，在國內政界、立法司法機構、外交與新聞傳播界、教育與語文、社會科學與企業管理及金融等領域上，校友眾多而且表現優異，可以說是一所培養社會上各行各業領導人的好大學，數十年來的口碑一直令人稱羨。我都清楚記得在讀大學時與政大同學時相往返，風雨道南橋下文風鼎盛，很早就是臺灣名列前五名的大學，那時的交通大學都還只是交大工學院。但是在國內初設七所研究型大學，以及有史以來第一次的上海交大世界大學排名前五百大，因為使用之指標泰半皆為量化之國際論文為主，政大皆未能入列以致吃了大虧。在隨後之五年五佰億邁向世界一流大學計畫中，好在並未完全依賴量化之研究指標，而採兼顧質量的委員合議制，政大得以在驚濤駭浪中擠進前十二所大學之列。在近十來年的這種拉鋸過程中，政大一定是諸苦備嘗冷暖自知，要評估政大之進展與校務領導，不可能漏掉這十來年，更值得檢視其在因應外在形勢之變化時，如何設定中長程目標、制訂策略、以及推出能夠呼應目標與策略之行動方案。首先碰到這個嚴苛局勢的是鄭瑞城校長，他因應得宜，在五年五佰億計畫中穩住步伐先擠進前十二大，接著就是吳思華校長，花了最長的時間在這件事情上，也花了最長的時間在尋找有效的因應策略。在這個意義上，吳思華校長這本書是值得期待的，我想政大校友們更想知道這十來年的風雨路上，是怎麼渡過的。

政大真的做了很多重大的改進措施，吳校長在這本書中，非常仔細且又充滿熱情的逐條列舉。我不揣淺陋，試舉幾項以明之。在學生教育與跨校結盟上，政大先是與陽明及北藝大三校聯盟，重點是通識教育及校務的結盟與共享教學資源。接著在五年五佰億計畫協助下，政大與臺師大及臺科大合作開設「創意設計實務學程」，共同跨入文創領域。另外則在校內推動書院教育，培育學生參與國際志工、校園大使、青年大使，打造國際化社區，替年輕人創造平台，這些措施應該都會在十年二十年後看到成效。在研究上則強調人本、在地、共創的研究特色，關注社會需求走入社區實踐學術，建立以華文為核心的學術主體性，並在此基礎上引進優秀教研人才，以提升政大在人文學與社會科學上的國際地位。這些都是政大該做敢做又可做得好的部分。在學校行政上所做的全面性改革，則是必須要做，也是吳校長的行政長才可以發揮之處。最後在吳校長的全力擘劃之下，提出尚未完成的指南大學城、國際創意生活城、與臺北城南文創園區計畫，我過去都曾仔細聽過。看起來，政大已經是大鵬展翅，值得期待！

前中國醫藥大學校長

黃榮村

推薦序

為教育尋一個美麗的夢

思華校長在政治大學當過學生、教授、院長和八年的校長，他在政治大學裡成長，親眼看到政治大學發展的全貌，更帶領著政治大學積極往前邁進。

《大學的蛻變：指南山下的創新實踐》是思華校長在政治大學工作和建樹的記錄，從重大的改革和建設到點點滴滴的小事，在這裡我們看到他的勇氣和決心，也看到他細膩和親和的作風，留給我們對他許多的思念和記憶。

《大學的蛻變：指南山下的創新實踐》更道出了思華校長對政治大學未來的發展規劃和美夢，也描述了他為了達到這個美夢踏出的第一步。在這裡我們看到他高瞻遠矚的氣魄和實事求是、一步一腳印的精神，帶給我們無限的鼓舞和期待。

《大學的蛻變：指南山下的創新實踐》也記錄了思華校長和政治大學每一位老師、每一位學生親口講的話，告訴大家他如何愛政治大學，為政治大學做事，為政治大學尋夢。這本書不是為他自己寫，而是為政治大學大家庭裡的每一分子寫的。

《大學的蛻變：指南山下的創新實踐》也道出了一位全心全力奉獻教育工作者，思華校長，對每一位參與教育、關心教育、熱愛教育的人講的話。教育不分小學、中學、大學，不分政治大學、臺灣大學、清華大學，不分學、政、工、商，思華校長告訴我們：對教育的熱愛，為教育努力打拼，為教育尋一個美麗的夢，是屬於每一個人的挑戰和權利。

恭喜和感謝思華校長。

前清華大學校長、中央研究院院士

劉炯朗

指南山下一甲子

IN CELEBRATION OF THE DIAMOND JUBILEE OF NCCU IN TAIWAN

是的，一甲子的歲月，
山頭與水岸，成為指南山下一道道知識的風景。
站在這裡回首、眺望，無論黎明或黑夜，
我們的創新與實踐，繼續進行……

楔子

我們的大學夢

指南山下，有一個大學夢，這是每一個政大學子曾經或現在的夢。

我，何其有幸，進入政大念書、教書，還成為政大的校長，有機會和同仁們一同實踐大學夢。

幸福是什麼？

我曾在一本書中讀到「幸福三條件——有人可愛、有事可做、有夢可追尋」，我在年輕擔任導師的時候，常以這句話勉勵同學們追尋幸福的人生。待我成為政大商學院院長、校長之後，更常以此與同仁們分享，因為這三件事，在政大都可以實踐。校園內最大的愛，來自於師生互動所產生的情感。在我任教、指導學生的經驗中，與同學教學對話互動最令我印象深刻，師生共同留下許多美好的記憶。在政大這個美麗可愛的校園，「有人可愛」這件事情是可以實現的，能讓人際的互動往來變得親近，師生關係變得溫暖密切。

幸福的第二個關鍵是「有事可做」。政大是一所國立大學，我們的薪水來自於每一位納稅人，不僅僅是在對同學們傳道、授業、解惑，在學術上不斷研究精進，作為知識分子還要以國家社會為己任，要成為帶領學生前往未來美好社會的橋樑，肩負的責任，要做的事情，實在太多。

第三個幸福是來自「有夢可追尋」。我是一個道道地地的政大人，回首這三十多年，從求學到在校服務，陪伴政大經歷了許多挑戰，特別是這幾年，整體社會環境變遷，人文社會學科傾向邊陲化，以及高教資源短絀，這都是對學校極為不利的外部因素。但是經過全校師生的努力，築夢踏實，包括跨領域學程、增加學生出國交換名額、推動國際化措施、強化校級研究中心運作、改善山上校區生活機能、成立大學出版社等等，一一實踐了我們的發展願景，為社會培養具備「人文關懷、專業創新、國際視野」的新世紀領導人，真正體現做為人文社會科學學府的主體性與社會實踐。能夠實踐一個又一個的大學夢，我們，何其有幸！

學術行政的回報是什麼？

這樣的幸福，不單針對教學、研究、追求學問，我以為行政工作更是夢想實踐的溫床，一所卓越的大學必須擁有傑出的教師與優秀的學生，而要撐起這兩根重要支柱，非得有強力的行政支援做為後盾，才能讓師生在良好的學術環境下安身立命。也正因為是後盾，榮耀的光芒往往就照在前面的教師與學生身上，行政人員的功勞，一不小心就被淹沒了。

行政工作吃力不討好，往往邀請學校老師擔任行政工作時，推辭的居多，大家似乎都覺得行政是苦差事，又看不到回報——這狀況產生的主因，在於學校設計的激勵制度多跟教學研究息息相關，獨漏行政部分。這就是大家經常問我的，學術行政的回報究竟是甚麼？

以我學管理的背景分析，所有工作的推動都有一個管理的輪廓，當一個明確目標出現後，必須讓成員對目標有清楚認識，也讓成員相信改變是可達成的，當清楚目標之後，將其展開成為不同領域的工作；不同領域的工作又可分為兩個層次，一個層次是大的策略架構，另一個是具體的行政執行。從

這個角度來看，學校校務正是一個管理理論實踐的過程，

在實踐管理理論過程，我覺得行政工作應該倒過來，先找出自己在工作上的夢想，藉由行政職務與大家齊心努力達成目標，完成夢想，例如：獲得高度肯定的頂大訪視作業、順利無缺失的研究所考試、師生盡歡的校慶運動會……都是動員所有行政人員，絞盡腦汁，在學術之外，繳出一張張引以為傲的成績，創造一個個令人難忘的回憶，成果之後的歡喜與驕傲，非筆墨所能形容，這就是我們學術行政的回報，這樣說來，行政何其有幸，擁有結合眾人力量來完成夢想的機會。

夢想須面對高教的挑戰

但是，站在夢想的前方，永遠是挑戰。而大學，也正面臨前所未有的轉變。民國九十四年頂尖大學教育計畫開始出現，它其實代表了幾個意義。第一個，傳統大學的角色改變，在傳統的高等教育中，教學、研究、服務是三個主要的任務，而教學尤其被認為是最核心的價值，課堂知識的傳授，師生在互動間得以傳承智慧與思想，這是學生進入大學所追求的目標之一，大學有大師，是為學術殿堂至高無上的榮耀。

隨著數位時代來臨，知識傳播的管道更多元，學習對象不單只有老師，地點也不再侷限教室，學習的方式與地點，正面臨革命性、創新性的改變，也使得知識創造比知識傳播、傳承更為重要。在這樣的關連之下，大學所創造的知識多寡即成為評鑑指標，這個被創造的知識經過系統性轉換，成為最後對經濟社會的價值，是影響高等教育的關鍵。也因此，大學角色被迫出現兩個改變：一個是角色定位的改變，一個是因應學校數量過多的改變。

校務正是一個管理理論實踐的過程，我覺得行政工作應該倒過來，先找出自己在工作上的夢想。

於是，當「研究型大學」的風潮吹到亞洲，全亞洲國家都開始討論，日本、韓國、中國大陸或臺灣，都面臨「如果學校數量那麼多，該如何突顯『研究型大學』？」這是我們不得不走的一條路，一方面學校角色面臨調整，勢必得選擇教學與研究孰輕孰重？這是高等教育調整過程中非常重要的議題，而這個議題對於政大而言，又是更大的挑戰。

政大以豐富人文社會學科為特色，然而社會長期由科技所主導的政策思維，使得人文社會學科受到忽視，簡單、量化的評鑑指標就強烈衝擊著政大。這個問題其實是過去多年最大的奮鬥議題，尤其學校評鑑制度初上路，當時我擔任政大商學院院長，教育部公布論文排名，《中國時報》以頭版頭條報導政大排名落在第四十八名，那時恰巧鄭瑞城校長出國了，我生氣地跑去跟《中國時報》抗議「我們要告你！」隔了三天之後，《中國時報》又以頭版頭條處理，這次的標題是「政大準備告教育部」。雖然雙方後來妥協，不過坦白講，發展的潮流並沒有改變，以論文發表的數量來評鑑人文社科大學，這個議題背後的意義是值得深思的，某種程度而言也是一種悲哀。

我曾擔任行政院的科技顧問，也在其他場合提過此事，多年過去了，今天這樣的狀況始終存在，究其背後，還有一個更嚴肅的議題值得探討。在知識經濟時代，鼓勵大學從事尖端研究，以促進新產業發展，本是無可避免的世界競爭。但是，這意味社會上需有一個完整的知識創新價值鏈：將知識轉換成專利，發展出新技術、新商品，然後行銷到全世界。五年五百億頂大計畫所設定的研究成果指標強調國際發表，很少考量本土產業的需求，並未積極建立轉換機制，更未就未來市場發展與社會體制進行探討，導致產學嚴重落差。我曾和其他大學校長提到，當前臺灣的經濟與社會轉型碰到很大的困難，大學要承擔相當的責任。校長們同意這個說法，但大環境如此，也都無可奈何。

這個大環境放在政大面前，更顯得嚴苛與荒謬。在經濟社會轉型的過程中，人文社科商管傳播都

對外善加尋求資源、對內整合並妥善運用資源所產生的效益，這樣的經驗與信心，一路伴隨到我擔任校長，只要你有夢想，資源的問題有時是可以克服的。

站在夢想的前方，永遠是挑戰。而大學，也正面臨前所未有的轉變。

有其不可取代的重要性，需要更多的研究來理解與支撐，然而政策認定的知識產出只限於「科研知識」，同時以國際發表來衡量，這是我們追求政大「大學夢」的過程中最大的限制與挑戰。這幾年來，我們必須一方面小心的回應大環境的要求，一方面要勇敢務實的在教學、研究、服務、國際化各面向穩健的努力。這幾年走來，我們一方面面對環境限制與趨勢，另一方面則認真地從教學、研究、服務各方面努力，回歸大學本質，希望創造政大獨一無二的特色，認真發掘出「政大的價值」，是我們的大學夢中不可迴避的責任，這些也是我們在勾勒大學夢，所必須正視的前提。

這也是為什麼我會提出以哈佛大學為標竿，期許政大邁向國際一流。哈佛也是以文理學院為核心，兼具完整的法、商、政府、教育、醫學等專業學院，並不因缺少工學院而削其偉大，原因在於哈佛大學不斷深耕既有領域，同時善於連結外部資源，強化本身優勢。雖然我們的資源遠遠不如哈佛，但是我們可以借鏡哈佛成功的經驗，作為學校發展的標竿。

創新是政大人的基因

回首我卅九歲擔任政大科技管理所創始所長，還記得開辦的第一天，七月一號，我和行政同仁翠娥走進那間向學校爭取而來、堆滿雜物的閒置教室作為辦公室，從那天開始，以它為家，我們的起家跟矽谷車庫是一樣的。

民國八十三學年度第一屆新生入學，由吳靜吉老師帶領會心活動，過程中，吳靜吉老師問：「你們的所訓是什麼？」在沒有任何的準備下，我順口說「我們的所訓是學習、合作跟創新」，從此就開始了我們科管所探索之旅，人生就是這樣奇妙，一個從零開始的工作，反而讓我更能憑空去想像一個學術組織是如何誕生的，譬如我們必須要去定義科管的學術領域，要找到教授，為了和企管所有所差異，要在課程設計跟教學方法上顛覆傳統，創新，成為科管所的核心價值。現在社會上流行的創意、創新跟創業的「創新價值鏈」，或是「生產、生活、生命、生態」的四生概念，都是從科管所來的，因此我們可以驕傲的說，科管所對引領新思維是有一些貢獻的。

在教學上，科管所落實書中學、玩中學、做中學、遊中學，離開教室是重要的學習。當時，林英峰老師給了我一個提示，「世界那麼大，我們商學院老師大概百分之八十是留美，另外有百分之二十是在本國博士，卻沒有歐洲回來的博士，從世界發展的觀點來看，歐洲是非常重要的一塊，為什麼不去歐洲多接觸？」因為這個鼓勵，在沒有人脈、沒有資金的困苦時代，每年暑假全所老師都會帶學生去歐洲遊學，都是自費，一趟要花十萬塊，這筆錢不算少，要做成這件事其實是一個大挑戰，但我們持續做了十多年。這開啟了國際連結，也翻轉了學習的意涵，不是只有課本的學習才是學習。

在科管所，一毛錢、一個人都沒有，也可以把一個所辦起來；在我接任商學院院長的時候，學院存款只有五十萬，但是我卸任時已經有五千萬以上的存款……。這都是對外善加尋求資源、對內整合並妥善運用資源所產生的效益，這樣的經驗與信心，一路伴隨到我擔任校長，只要你有夢想，資源的問題有時是可以克服的。我在剛接任校長時，接受《今周刊》訪問，提及我去過的大學超過一百所，因為從八十四年到九十五年接任校長之前，這十多年來幾乎每年去歐洲，開始與各國的大學的互動，到後來民國九十五年至九十九年，學校能多方締結姊妹校的總數由近百所急遽成長到四百多所，探究其因，與創新，與國際化不無關係。

我的專業背景是管理，在當校長的時候就不斷的問自己：「管理的專業對工作是否有幫助」，或是在過程中，能實踐多少管理理論。在理念或在實務上，這件事情都有意或無意不斷浮現。我曾跟同

重現指南山下的大學夢，希望不管是對自己，或是對別人，都能有所啟發。

仁提及，有一天我從校長卸任時，希望別人會說「政大有一些改變，是因為吳校長唸管理的關係」的評論。我不斷提醒自己，唸管理是否對工作處理有幫助，如果不是，那我卸任後就不好意思回去教書了，因為在課堂中跟學生說要實踐和理論，結果自己卻做不成，甚至跟同學說實務跟理論是不同的，如果做完這事情，都不是理論的內容，那工作的意義就少了很多。

這一路走來，政大做了很多改變，有些是事先設想的，有許多是令人意想不到的，應該要將行政團隊中的每一位成員，以及師生們共同的努力記錄下來；同時，民國一〇三年是政大在臺復校六十年，是一個傳承跟創新的轉捩點，也是一個適當的時間點，讓我們有機會回顧這些年做的事情，在回顧的過程中，重現指南山下的大學夢，希望不管是對自己或者是對別人，都能有所啟發。

航圖：勾勒美好願景

親愛精誠，培育未來社會各領域領導人的志向不變。

Better visions build

思華 On Call

畢業的政大人回到學校，每每驚喜於學校改變許多，校園風景更勝以往，但是有所變，有所不變，由羅家倫先生與首任校長蔣中正商討的校訓「親愛精誠」，未曾改變；培育未來社會各階層領導人的志向不變，放眼望去，政大校友以專業知識服務社會，在各行各業都有傑出的表現，他們報國方式雖不同於早期政大人，但其形塑的典範同樣為社會所推崇，這些，都不變。

民國一〇三年，政大在臺復校六十年，擺在世界高等教育演進光譜來看尚稱資淺，但從中華民國建國百年的歷史脈絡觀之，說政大是臺灣高教界的兄長、是政府文官的搖籃，相信沒有人否認。這樣的歷史，像肩頭上的勳章，始終讓政大人引以為傲；也讓政大自許是關懷社會並與社會共同發展的大學。

政大自創校之初便與國家命運密不可分，從北伐、抗戰到國共戰爭，每一次重大轉折點都有政大人的身影。卅八年川西戰役，三百多位學長姐組成青年軍，在成都參軍與共軍作戰死傷慘重。如今矗立於百年樓前廣場的「精神堡壘」就是紀念這些犧牲的政大師生。政大前身中央政治學校代教育長羅家倫曾說：「中國的土地可以征服而不可斷送，中國人民可以殺戮而不可以低頭」，充分展現創校初期的政大人精神，而今日校園裡的「志希樓」正是紀念這位五四時代重要教育家。

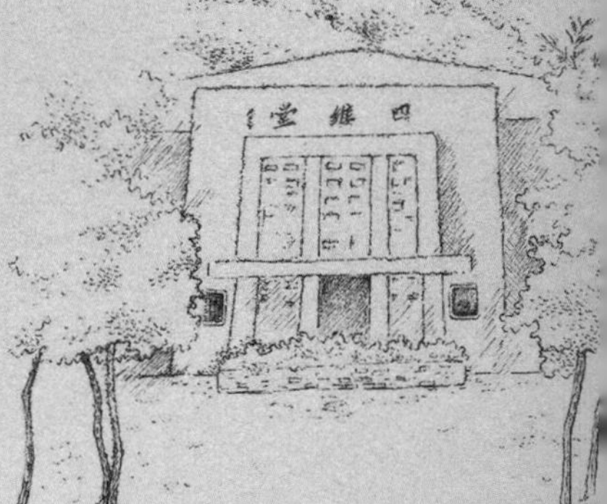

解嚴後，政治逐漸民主化，現代大學更能充分發揮社會良心的功能；但大環境開放之後，大學的挑戰也提升至全球的層次。現階段政大最重要的使命在於正視國際競爭，提升自我以達國際要求，培養符合國際水準專業能力與宏觀視野的人才，進行的研究則要能提出創新觀點、解決社會問題、滿足未來社會需求、善盡責任。目前正在學校就讀的年輕政大人則又有不同的表現，迎接地球村時代的來臨，他們經由更人文、更專業、更創新、更國際的學習方式，展現他們為未來社會提供服務前所做的良好準備，讓我們看到了希望與信心。

在這個承先啟後的關鍵時刻，回顧政大校史，民國廿年，時任代教育長的羅家倫便期許中央政治學校的學生以英國倫敦政治經濟學院與法國巴黎政治學校這兩所振興英法兩國人才的搖籃為目標。

時代交替更迭，如今的政大是國內人文社會管理人才的搖籃，於是，我競選政大校長時便提出以美國哈佛大學為標竿，以成為亞洲哈佛為目標，這不是搖旗吶喊的口號，而是借鏡頂尖大學的偉大來自我鼓勵，要深耕原有的領域，善用外部資源，強化本身優勢。

我深信，一個組織裡，要先有百分之廿開始動起來，慢慢激發出驚人的創意，主要的八成維持正常運作，緩緩展開實踐的行動力，這樣的互動才能邁向階段性的實際型塑。

從過去推動行政工作的經驗中，我也深刻感受到組織有夢想，才能整合更多資源，發揮更大的影響力。正所謂有夢最美，但重點是要築夢踏實。為了落實夢想，我們這八年展開有計畫性的短期、長期策略與規劃，首先正式啟動「百年政大．政大100」校務發展前瞻論壇，就是因應頂尖大學「後」五年五百億計畫時代的來臨，希望在引頸政大百年歷史時刻前夕，預先勾劃二期五年計畫（2011-2015、2016-2020），作為政大更具體明確的校務發展目標與策略。

大學的理想需要由大學人自己勇敢的追求與實現，做為行政管理者，更應該善盡催化者與守護者的角色，創造機會讓創意與夢想得以實現。為了達成這些目標，行政團隊檢視了政大發展的歷史以及國際高教發展的趨勢，同時透過名譽博士學位的頒授為政大尋求新的大師典範。為了凝聚更高的意識，學校在民國九十八年寒假舉辦策略共識營，透過「世界咖啡館——Think Big Café」活動，與會的一百多位主管、教師、職員及學生代表經過與不同的對象對話、溝通討論之後，共同發揮集體思考集體智慧的力量，共同為學校勾勒出未來整體的發展願景，然後齊心在這願景之下，跨出紮實穩健的每一步。

李賢文｜水岸電梯｜2013｜33.5x69cm

南京創校挺身報國政大節

政大的歷史一直和國家社會的脈動緊密相聯。民國成立，內憂外患，國家亟需人才，因此民國十六年五月廿日，在南京紅紙廊宣布建校，最初的校名是中央黨務學校，後來改組為中央政治學校，日後合併中央幹校，改制為國立政治大學，雖然經歷多次變革，但為國家造就可用之才的任務，始終未變，反而在多次變革與戰亂中，每每展現疾風勁草的精神。

在政大校史上，有一段為人所淡忘，卻是極為重要的一頁，民國卅八年，南京情勢不安，時局動盪，全校師生決定遷校杭州，又因為國共內戰復熾，便由杭轉穗，再西遷到重慶小溫泉，就在那年年底，國家已呈瓦解之勢，國共內戰，一群由政大十六、十七、十八屆學生組成青年軍投筆從戎，戰死沙場，可歌可泣。

回憶當年戰爭的慘烈，法律系校友、前台灣最高法院檢察署檢察總長陳涵表示，川西戰役當天早上，許多參與青年軍的同學一起做早飯，早餐都還沒吃，共軍就已打過來。他說，當時情況就像秀才遇到兵，許多同學都反應不及，政大學生死傷慘重。校友朱芳也提到，同學送她上車後，就被共軍打死，現在想起來真的很傷心。

法律系校友陳寬強表示，當年同學們自認是傻瓜，抱持著精忠報國的傻勁，參加川西戰役，與死亡擦肩而過。但他強調，也是這樣的傻勁才有傻福，在臺灣度過六十年平安的生活。

十七屆經濟系劉志達想起當年不但要經過嚴苛的入學考試、還要經過身家調查等關卡才能成為政

大學生，至今都讓他非常驕傲。因為共同經歷逃難過程，甚至編組參加川西戰役，同學們都很珍惜彼此，至今也經常聯繫，雖然未曾在臺北木柵校園讀書，但是看到從南京時期就沿用至今的校徽，就會覺得很感動。

政大為了紀念這群英勇的師生，由前政大校長歐陽勛題字的政大精神堡壘在民國七十二年十二月十九日落成，並訂每年十二月廿日為政大節，由學校主辦政大節紀念儀式。但是九十八年適逢川西戰役六十周年，卻是由學生會主動發起紀念活動，也讓更多的年輕學生了解學校歷史，以及當年的動盪與艱困。秘書處校史室特別舉辦了一系列的活動，讓在校的師生更能看見這段值得記憶的歷史，傳承政大人的精神。

指南山下復校，知識報國傑出校友教師丘宏達

原本國民政府遷臺之後，曾有大陸公立大學在臺一律不復校的決議，然而因為有先人的拋頭顱、灑熱血，如前行政院長閻錫山曾記述：「其時全國大學隨政府撤遷僅政大一校而已」。因此，民國四十三年，政大在木柵復校，校園建設、教學設備等各種資源都是從無到有，全體師生齊心努力，才有今日的規模，成為以人文社會學科著稱的高等學府，校友在政府部門與各行各業都有傑出表現，以專業知識報效國家，奉獻時代知識份子的應有責任。「一個國家主權的維護不靠口號或運動，而是靠知識或專業。」培養知識份子以專業知識報效國家，正是政府遷台、政大在臺復校後在窘迫時代背景下所秉持的教育理念。

丘宏達在五十九年擔任政大法律系教授，在校期間推動出版國內第一本法學院刊物《政大法學評

論》，他也是將知識報國精神發揮淋漓盡致的典範。丘宏達著作等身，是國際知名法律學者，也是在臺灣公開撰文主張解除戒嚴的學者之一，參與革新保臺，對促進臺灣民主化有所貢獻；而被學界稱為「雙橡園條款」，很大一部分是丘宏達努力的成果，使得中華民國能保留雙橡園這座在美深具歷史意義的外交建物。

民國九十八年十二月十九日，政大國際事務學院國際法學研究中心於舜文大講堂舉辦「丘宏達教授贈書儀式」暨「第一屆兩岸國際法學論壇」，總統馬英九親自出席，代表丘宏達教授贈書政大，象徵著國際法專業的傳承，馬總統並推崇丘宏達教授對於國際法學研究及國家的重要貢獻。

吳思華當時在贈書儀式上表示，丘宏達教授在國際法學上的專業是學術界的標竿，也是「學人報國」的典範。他在政大任教的身教與言教已是政治大學歷史的一部份。除了感謝，我們也將努力傳承他對國際法學的專業和堅持，以承以專業知識與能力報效國家的志業。

國際標竿

政大自建校以來，一直致力傳承人文社會科學優良傳統，除了以打造國際一流人文社會學術殿堂為願景，更以培養具有「人文關懷、專業創新、國際視野」的新世紀領導人為重要使命。這當然是當初建校的使命，但也與已辭世四十多年的羅家倫有很大的關係。這位提倡《新人生觀》精神的前輩，對政大有深遠的影響力。

民國十六年，中國國民黨中央決議設立「中央黨務學校」，羅家倫任籌備委員。十八年，改組為「中央政治學校」，即為「政治大學」前身，蔣中正任校長、戴傳賢任教務主任，羅家倫為教務副主

培養知識份子以專業知識報效國家，正是政府遷台、
政大在臺復校後，在窘迫時代背景下所秉持的教育理念。

任，但校務多由羅先生負責擘劃。到了廿年，他擔任教務主任兼代教育長，更奠定政大培育振興國家人材的宗旨與發展方向，為國家社會培育博雅創新、知行合一的未來社會領導人。

民國五十年，羅家倫於《政大校友通訊》發表〈政大的誕生與成長〉，申論政大成立宗旨與精神，明確地提醒：「真正的人才，絕不是粗製濫造的出品……，任重道遠，應該是我們訓練的目標」；這種卓見不但結合人心與國家需要，更形成了政大日後的重要精神傳統。

不僅於此，由於羅家倫北大畢業後赴歐美留學七年，堅持國家發展必須先有現代化的領導人才和現代化大學，因此期許中央政校能以英國倫敦政治經濟學院與法國巴黎政治學校為目標，不僅要建立學術權威性，更以「研究學術、革新政治」為雪恥圖強的基礎。

巴黎政治學院將近一百五十年的歷史，也是因為普法戰爭結束後，國家百廢待舉而創立的大學，設有十二個研究中心，在經濟、法律、社會和歷史四大學科以及政治學領域享有國際盛譽。法文校名「Sciences Po」，源自「巴黎自由政治學堂」（L'Ecole Libre des Sciences Politiques），擁有歐陸藏書最豐富的社會科學圖書館，以及每年定期發行的雜誌與圖書多達百種，為法國社會與人文科學領域的貢獻卓越，也擴大了學院的國際影響，法國有百分之七十的政治人物、百分之八十的企業管理者以及幾乎所有法語國家的總統、總理都出自巴黎政治學院，因而被譽為「法國社會精英的搖籃」。

而倫敦政經學院的研究和教學涵蓋了社會科學的廣度與深度，從經濟、政治、法律、社會學、人類學、會計及財務，也是一個影響全球甚深的專業社會科學大學，學術聲譽卓越，培育出十六位諾貝爾獎得主，英國國會始終有數十席是倫敦政經學院的畢業生，只有牛津與劍橋兩所學校能與之相比。

這兩所一流學府的教學與研究以社會科學為主，教學質素與研究成就在全球享負盛名，同時與政界、商界、法律界聯繫緊密，在國際社會向來有重要影響。而政大的背景也跟這兩間學校相近，以社

真正的人才，絕不是粗製濫造的出品……，任重道遠，應該是我們訓練的目標。

會科學為主，在民國六〇至七〇年代，社會科學資料中心、中正圖書館是國內大學中最現代化的設備，在國際冷戰局勢下，國際關係研究中心也改隸政大，成為政大的特色之一。此外，產官學界皆有政大的風雲校友。

近年來，哈佛大學成為政大努力學習的標竿。不僅是因為哈佛的偉大，更在於在學院組成上有類似之處，兩校同以法、商、政府、教育等專業學院聞名，還有政大書院教育就跟哈佛人的宿舍一樣，都是情感凝聚的重要場域。兩校不因缺少工學院而失色，反而透過與外校的教學合作，更能深化原有的學術基礎。

這三所高等學府都座落在都會區，但校舍不是集中，而是錯落分布。政大也有近似的校區分布狀況，山上山下的校園，以及未來在指南山莊的新校區和附近的社區緊密相連，都讓政大擁有更能建立大學城的區域優勢。

當然，政大的資源遠遠比不上哈佛、倫敦政經學院，這是不容否認的事實，但是我們不懈怠，一步步朝著既定的步驟，穩扎穩打，長期奮鬥，相信是指日可待的。

尋找師生新典範

人物典範更重要

民國九十八年，曾志朗院士在獲頒名譽博士典禮致辭說：「我等這個獎，已經等了很久了」，說出了政大人的心聲，也顯示了政大「名譽博士」是多麼彌足珍貴且受人崇敬的榮譽，這是政大的驕傲，也是一種鼓舞。

政大名譽博士表彰在不同專業領域最傑出的人士，他們對人類知識的傳承與開創具有重大的貢獻，樹立了各種成功的標竿，宛如金庸學長筆下的「屠龍刀」、「倚天劍」，一出手就威震天下，每位名博都有獨特的生命故事，為人景仰，是為政大人的精神典範。

強調人文關懷，豎立政大標竿

政大對「名譽博士」相當重視，產生的過程也十分嚴謹，除了要經由各院系審核學經歷後加以推薦，還要由學校的名譽博士審查小組針對資格、聲望及具體成就進行評比。

由於政大特別強調人文精神，所以我們也希望讓學子能在名譽博士身上看到自己未來的理想。名譽文學博士金庸、林懷民、余光中就有這樣的象徵意義，十四部武俠經典奠定

了金庸在華人文壇的巔峰地位，他的影響力更擴及全球，無數歐美民眾認識中華文化，不是透過傳統文獻，而是透過他筆下為國為民的郭靖、瀟灑豁達的令狐沖，將儒道文化傳遍世界，從「武俠小說」、「武俠電影」對中華文化產生無窮的興趣與遐思，這種貢獻是難以估計的。

林懷民先生帶領「雲門舞集」獲得國際高度肯定，是臺灣藝術的重要推手，他所表演的作品尤其經典，反映了深度的人文關懷，是臺灣不可或缺的資產。透過這兩位政大名譽博士，莘莘學子真實看見人文藝術在社會扮演的重要角色。

鼓勵研究風氣，邁向學術卓越

除了人文關懷，政大也重視研究，因此透過名譽博士的頒發，我們也希望找到在自身領域卓然成

96年-103年頒發的名譽博士

家的大師，作為在校師生的楷模。比如我們頒發「名譽社會學博士」給林南先生，是因為他透過社會網絡概念和方法，探討個人與社會結構互動的關係，建立了一套完整的社會資源理論，在社會學領域作出極大的貢獻。頒發「名譽理學博士」給曾志朗先生，則是他對心理學與科學的熱誠，不僅耕耘學術研究，推廣新知更是不遺餘力。

政大頒發名譽博士的對象並不限於國內學者。我們頒給著作等身的許迺曼「名譽法學博士」，許迺曼是德國刑法界的權威，與政大的淵源也非常深。他的研究遍及刑法釋義學、刑事訴訟法、法律社會學與法律心理學，今天談刑法，沒有人能跨過這位法學巨人。

頒獎給張忠謀也有同樣的意義，他是一位不斷自我突破，精益求精的大師，不只是臺灣「半導體之父」，也是臺灣「企業文化」形成與發展的引進者，他以充滿革命性的創新理念，推動了臺灣企業改變思維、拓寬視野。如果政大人文學院的學子是以金庸的好學精神為榜樣，那麼商學院的偶像是張忠謀、傳播學院的偶像當然就是殷允芃。我們要學習他們自我要求、勇於創新，總是走在時代最前端的專業哲學。

行政服務的楷模

民國一〇三年獲頒名譽博士學位的蕭萬長先生，出身嘉義平凡的農家，沒有輝煌的家庭背景，但有一顆為國家服務的心。他以政大外交系為第一志願，畢業後外派吉隆坡、轉任國貿局、經建會、經濟部、陸委會、立法委員、行政院長及副總統，一輩子、半世紀都在從事公共服務。而蕭副總統的公職生涯，也幾乎與國際化脫離不了關係，當年美方進行貿易談判時，常指定要和「文森·蕭」談判，他常以微笑與堅忍化解一場場危機，財經界曾流傳一句話：「年年蕭萬長、事事蕭萬長」。蕭萬長先生可說是所有有志進入政府部門服務的政大人的楷模。

頒獎典禮「三心」精神，贏得社會好評

名譽博士典禮從頒授地點、會場的佈置、現場弦樂團曲目安排，每個環節都顯示政大團隊的「用心」。記得頒授德國刑法學者許迺曼先生及韓國成均館大學金峻永總長名譽博士時，典禮全程以中德及中韓雙語進行，政大專業的語文團隊，深獲獲獎人及貴賓的肯定及讚賞，充分展現政大團隊的「細心」。

而許倬雲院士名譽博士頒授時，適逢許倬雲院士八十大壽前夕，我們特別準備了壽桃為他暖壽，茶會現場氣氛溫馨，表現了政大團隊的「貼心」。我們一直以都「三心」精神出發，務求盡善盡美，讓獲頒人感受到政大的專業與熱情。

頒獎典禮只有一天，而榮譽是終身，更重要的是這個典禮背後的文化意涵，以及每位大師動人的生命故事。我們希望透過這個榮譽的頒發，為校內師生找尋值得學習的精神楷模，因為每位接受殊榮的人，往往窮盡畢生熱情，有時只為了一件事，有時只為了一個信仰，但正是這樣的堅持，造就了他們的不凡，因而在人類文明的長河中，留下了珍貴的印記。而政大在頒授他們名譽博士的同時，也在人類歷史中共同沐浴著永恆的光輝。

創想共識營

一所學校的歷史越悠久，越能顯現學校的豐厚內涵，但也容易有蕭規曹隨的安逸心態，行政單位透過學校發展歷史、現況資源與國際高教發展的系統檢視，描繪政大發展願景的輪廓。為了凝聚更多的智慧，九十八年寒假期間，我們特地在宜蘭的香格里拉舉辦了為期兩天的「百年政大．政大一百共識營」。匯集了百餘位各系所與研究中心教師、行政主管、學生代表、職員代表，希望以腦力激盪的方式，聯手繪製一張百年政大的願景宏圖。

我們採用「世界咖啡館」模式進行討論，將百位與會者分成廿桌，每桌五人，由一人擔任桌長，在五回合的討論中，除了桌長外，其餘四人都依照事先安排的路線變換座位，每個人都能自由表達意見，讓以往少有聯繫的系所教師有更多的對話機會；之後由桌長統整意見，從中找到關鍵議題，尋求跨領域合作的可能性及發揮集體加乘的影響力。最後，與會者票選出十大共識議題，包含建立人文社會科學學術評鑑指標、校園整體規劃與建立大學城、確立政大地位特色與主體性、形塑學生特質以造就未來領導人、建立彈性跨領域教學合作發展機制等，在未來或許都將成為政大蛻變的關鍵。

兩天的時間並不長，但在共識營中，卻前所未有的凝聚了眾人

「百年政大．政大一百共識營」，以腦力激盪的方式，聯手繪製一張百年政大的願景宏圖。

共識，大家一致同意，長遠來看，政大的核心主軸應以人文社會為本，但須具備深厚的科學基礎，才會讓未來的路走得更紮實。這樣的共識，為我們往後的校務推動與改變，奠定了良好的基礎。

第一次共識營的成功經驗，大家對於相互對話，激盪思考的討論方式迴響熱烈，於是從九十九年開始，我們便將中階主管共識營納入了每年固定的訓練活動之中。我們顛覆了傳統由上而下的單向知識傳授，改採面對面溝通、討論與分享的方式，更安排與會者走到戶外。因為唯有透過實地參訪，才能讓主管真正瞭解政大；夢想不應只是在密閉空間的空談，看見現實、了解現實，而後才能改變現實，讓夢想成為真實。

幾年來，行政同仁共同走訪過政大校內的最新建設，如山上六期運動場、國際學人暨學生會館；也透過新建成的「水岸絲路」前往山上校區，進入美輪美奐的自強十舍，不少主管見到新宿舍環境清淨、視野遼闊，對比自己學生時代的宿舍，紛紛表示欣羨之意，甚至興起了想重當學生的念頭。

參觀校園之外，人事室還安排了人文素養和探索生態之旅，參訪陽明山中山樓、小油坑等地，不但促進了跨單位人員的互動溝通，增進彼此的情感交流，在經過古蹟勝景的啟發之後，更刺激了大家更多的創新想法。

夢想不應只是在密閉空間的空談，要看見現實、了解現實，而後才能改變現實，讓夢想成為真實。

此外，由於中高階主管肩負政策規劃與督導執行的重任，為了讓大家汲取成功企業的創新經驗，我們參訪了標竿機構如臺灣科學教育館、臺達電與法藍瓷，希望透過了解優質企業的發展與改革，進而反思，作為推動校務的參考。

科教館朱楠賢館長勉勵政大的主管要「多鼓勵、多承擔」，和同仁一同創造雙贏；臺達電海英俊董事長則分享「環保、節能、愛地球」的經營理念，強調社會責任、員工福利和成長。我們也借用臺達電場地，以世界咖啡館模式腦力激盪，具論政大近年來的創新變革，如電子公文減少耗材、inccu 單一入口提升效率、財務小組的成立使行政運作注入成本概念。這一趟趟的實地參訪，大家都獲益頗豐，學習到不少寶貴的經驗，可望轉化成提升組織向上發展之動能，讓政大變得更好。

我們的夢想

我們希望能持續舉辦共識營的訓練活動，並推陳出新，用更多不同的方式讓人家參與，激發想像。經過多次的互動，所凝聚的共識是政大應傳承人文社會科學的優良傳統，發揚追求宇宙真善美之大學精神，培養具備「人文關懷、專業創新、國際視野」之新世紀領導人；擁有豐富的文、理、社會科學基礎學門，同時保有法、商、傳播、公共事務、國際事務、外語教育、數位科技等專業智能，進一步強化人文、科技與社會的對話能力，涵養公民智慧與素養。

為培養優異的學生，在博雅與專業並重的學習方針下，完善學習環境與機能，幫助學生在知識學習外，自主建構其豐富的校園，生活理解自我、社會與人生。

同時，全體師生均能秉持探索真理之原則，精進研究能力，追求卓越與超越，以實踐學術活力；建設與社區共生共榮的校園；本於在地關懷，與世界對話，塑造多元尊重之國際氛圍。

希望政大能契合時代脈動、積極發展「博雅創新的大學教育、國際一流的專業學院、自由卓越的學術研究、健康品味的開放校園、多元尊重的國際連結、共善共構的校務治理」，來引領教育創新、開拓知識社會，成為本國、亞洲、世界一流的人文學術殿堂。

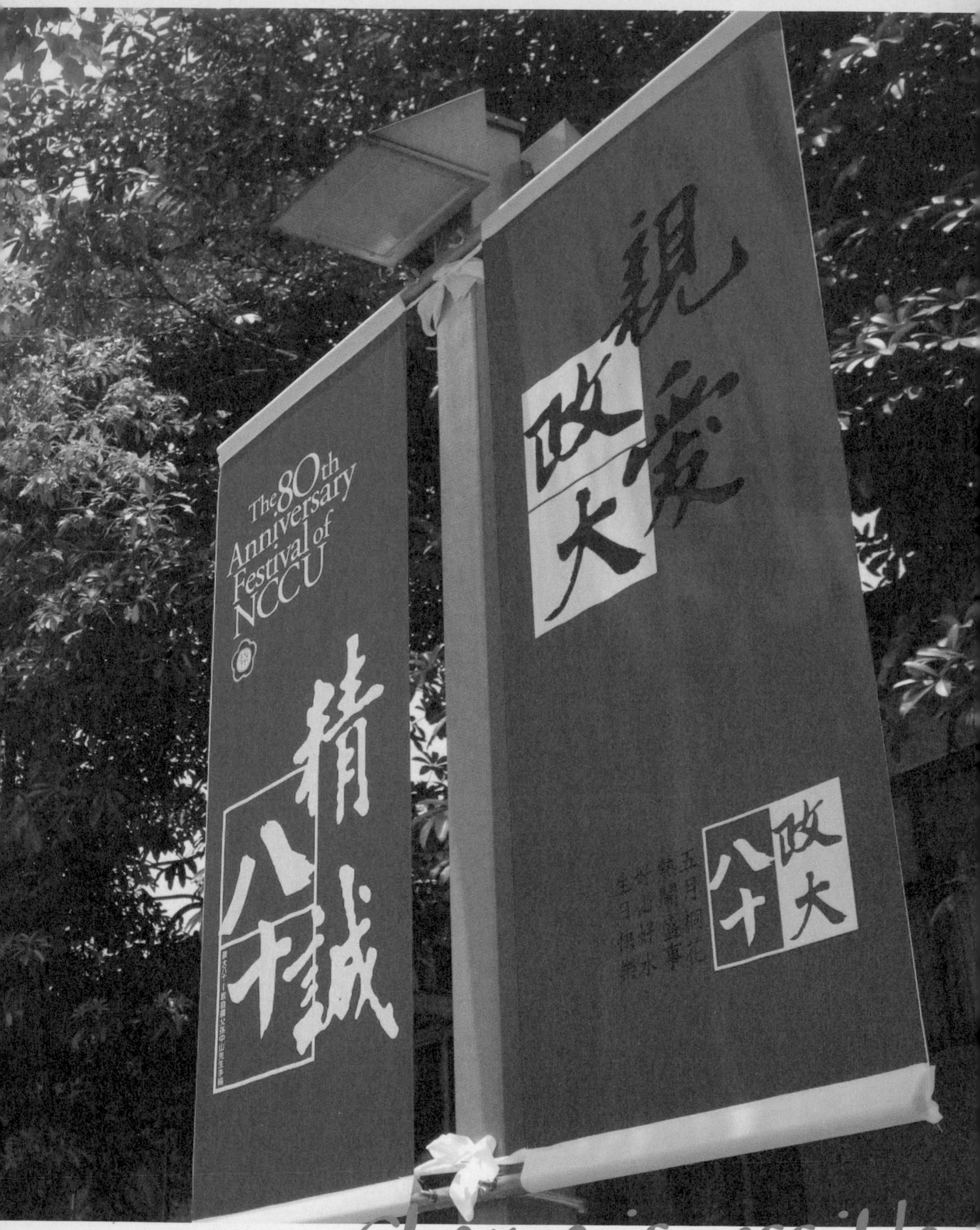

Change is possible

啟航：開始改變

讓大家確信改變是可能的。

思華 On Call

追夢需要豐沛的創新能量。因此，要掌握契機、用心設計，讓大家確信改變是可能的、是有意義的，更是有回報的。

政大自民國十六年創校以來，就是以人文社會學科為核心，致力於發展文、理、社會科學、法、商、外國語文、傳播、國際事務、教育等九個學院。這樣一所擁有悠久歷史，在社會上享有聲譽的高等學府，當然也背負著來自各界的期待與責任。我從擔任科管所所長之後，就經常思考要如何將社會期待與責任做得更盡善完美，又能扭轉部分社會對政大既有印象與思維。

這個問題，到了我接任校長之後挑戰更大，政大未來的藍圖經過系列討論後更加具體：「博雅創新的大學教育、國際一流的專業學院、自由卓越的學術研究、健康品味的開放校園、多元尊重的國際連結、共善共構的校務治理」是我們持續努力的目標。我提出以哈佛大學為標竿，受到許多質疑，但我深信與哈佛同樣都是以文理學院為核心的政大，是有可能實現的一天；因此，我始終秉持「改變是可能」的精神，在以發揚光榮校史、師法國際標竿學校的前提之下，訂出一連串的再造計畫。八年來，築夢踏實。

組織的變革要經過縝密的規劃、按步就班的推動，更需要團隊的全體動員，才能克盡全功。

因此，如何在改變之初，掌握適當的議題、單點突破、豐富創新能量、形塑改變氛圍，讓大家相信改變是可能的、有意義的、有回報的，是很重要的一項工作。

節慶、空間改造與締盟合作是最容易讓人感受得到其中的創新變革。如果能夠透過這些專案刺激大家的想像空間，則對於未來的發展產生更大的動力。

民國九十六年適逢政大創校八十週年，為了凝聚全校師生校友的向心力、展現團隊的創新活力，秘書處同仁特別規劃了一系列的慶祝活動。當時擔任主任秘書的樓永堅教授統籌督導，籌備時間不到九個月，在五二〇校慶前後推出擴大版的駐校藝術家活動、校慶運動大會、校慶大會、校友返校餐會和晚會等二十餘項大型活動，以及一系列的校慶紀念品，這些活動或創作都讓師生、校友或外賓耳目一新，不相信它們會出現在一向被視為封閉保守的政大校園。

除了籌備校慶活動，「改造舊建築、釋放想像空間」是另一項對外宣示改變的開始。校園空間是大學展現其歷史與特色的具體表徵，是許多莘莘學子選擇學校的重要考量，刻畫了許多成年人學生時期的美好回憶，同時也能讓參訪者對校園風貌留下生動的印象，校園就有如一場可帶走的盛宴。當觸目所及的校園有所改變了，其他的轉變也就慢慢能感受得到。

由於政大的學院多以人文社會學科為主，和同樣位於北市的陽明大學、臺北藝術大學長期保有良好的合作關係，如何透過學科互補、釋放大學疆界，希望學生不只是學習人文社會學科，也可培養醫療的領域專業，實現大學多元探索的精神。

另一方面，開放校園、結合社區與地方政府，共同打造一個優質的大學城，更是我們心中的夢想，我們希望透過社區的緊密連結，讓政大人以服務的心態開放校園、走進社區、整合社區發展資源，同時將專業醫療引進社區，嘉惠地方父老，共同創造政大與社區共存共榮的藍圖。

政大的蛻變是機緣、也是努力的成果，且讓我們娓娓道出。

打造臺灣哈佛工作論壇

「打造臺灣哈佛」工作論壇是第一個機緣巧合。政大商學院和陽明大學生技學院原來就有良好的合作關係，當時時任臺北市市長的馬英九先生亦與哈佛有很深的淵源，這三個單位不約而同地有一個共同的標竿元素——「哈佛」。

以人文社科領域著稱的政大，與哈佛大學近似的條件之一即都沒有工學院；而以醫學生技領域聲譽卓越的陽明大學，則與哈佛大學同樣沒有自己的教學醫院；我們若能在學術上跨領域結合，意義非凡，同時加入了臺北市立聯合醫院的資源，不僅將在學術上有很多合作的機會，更能對在地醫療與社區健康營造，發揮更大的綜效。

為了揭示這個共同的理想，三個單位攜手合辦了「打造臺灣哈佛」工作論壇由當時公企中心主任周麗芳率領同仁規劃籌辦，邀請當時的馬市長以「論卓越——以哈佛為例」的主題進行專題演講，中央研究院院士，也是政大校友的曾志朗擔任論壇主持人。

吳思華在論壇上闡述：「以哈佛大學為標竿，讓政大邁向國際一流。」其中，專業是臺灣哈佛論壇的核心價值，是大學機構最珍貴的資產；而專業需以厚實知識為基礎，具備解決問題能力、實踐同理心、發揮高度自律心與社會感。

聯醫政大門診部

小小的活動傳遞了打造臺灣哈佛的理念，也宣示了追求理想的開始。

「打造臺灣哈佛」工作論壇同時促成了政大與陽明大學、臺北市立聯合醫院共同簽署合作策略聯盟，將臺北市的醫療資源引進文山區。

回想民國六十八年，政大健康中心在指南路二段一一七號落成之際，承載著多少感動激賞的眼光。當時醫療資源相對匱乏，政大衛生保健組透過健康中心提供免費、方便的醫療門診服務，實是太珍貴的福利！無論頭疼、目眩、蜂螫、蟲咬，健康中心絕對是老政大人尋求照護的去處。

然而，隨著醫療體系與健保制度的進展，政大附近已是大小醫療院所林立，健康中心的風華也不再……。

心理系陳嘉鳳老師在民國九十六年調查發現，絕大多數的教職員工生知道政大有健康中心，卻有將近四成以上學生與兩成的教職員工從來沒有使用過門診服務。延聘門診醫師的困境、龐大的門診固定支出、偏低的使用率使得政大開始思索如何重新定位健康中心。

窮則變，變則通。健康中心決定向外尋求同盟，並在既有「持續提供教職工生就醫補助」的初衷之下，再加上「與社區共享醫療資源」的構想。九十五年底，政大與市醫正式「聯姻」，健康中心的定位也從「政大人」的醫療中心擴大為「指南山下的健康守護據點」，看診時間也開放了部份夜間時段及週六上午門診。同時也因引入健保資源，省下高額人事及藥物費用之餘，再補助政大教職員工生看診的掛號費和部分負擔，降低教職員工生的醫療支出。

更重要的是，在木柵引進了聯醫的醫療資源，健康門診不僅照護全校師生，也服務了文山區民眾，一如臺北市聯合醫院總院長張聖原所指出的：「門診部最重要的意義不是看病，是全面提升文山區居民的健康。」

跨校聯盟拓寬「視」界

臺灣的大學，各有各的特色，政大則是以文、法、商為主。「但如果我希望在修課時，能接觸到更廣闊的世界，比如音樂、藝術，那我該到哪裡去找？」「換作一所以別的領域為主的大學，他們的學生是否也渴望如政大的學生一般，了解更多的文學？或更多傳播的資訊？」這些原因都使得每一所大學都希望發展成完全大學，但有沒有其他思考的方式？

這就是「三校聯盟」成立的初衷，政大擁有豐富的人文社會科學資源，陽明大學在醫學的教學與研究上表現卓越，臺北藝術大學則網羅了臺灣最優秀的音樂與藝術師資，將三校的學習資源在「通識教育」的平台上加以整合。為了落實這些想法，三校教務長會議從九十九年起定期召開，共同規劃可以互相支援的課程，同時相互學習校務的發展。

哈佛大學非常重視通識教育，在卅四年前通過的「Core Program」（核心課程），在世界各地掀起了大學革命，民國七十二年，臺灣大學開設了第一波通識教育的課程，其他的大學紛紛跟進。如今，「三校聯盟」更讓學生能「跨校」且「跨領域」修通識課程。

這種結盟模式提供學生更豐富多元的課程選項、接觸到背景、訓練不同的同學，這對老師也是一大挑戰。因為這意味著老師在課堂上面對不同性質的學生，接觸到不同的思維，國家發展研究所彭立忠老師就認為這是一個值得分享的經驗：「在人文社會科教學的老師放映『紐倫堡大審』的影片時，一般會預期學生直接聯想到人權與戰爭責任，但是同樣一段影片在醫學科放映時，學生想到的卻是醫學倫理，是『紐倫堡公約』，老師也十分驚訝，因為預期的思維被打破，兩種截然不同的背景交會了，這是一次人文精神的震盪。」

彭立忠指出，擅長人文領域的政大或北藝大的老師到了陽明，往往刺激學生跳脫慣性思維，反之亦然。很多醫學院的學生認為實驗與數據才是知識的核心，但政大的老師告訴他們：「你只有在實驗室裡是一個自然科學的學生，走出實驗室和人相處，你就是一位社會人，所以你除了要懂得如何和人溝通，更要懂得如何看待社會問題。」

「三校聯盟」儼然成為大學圈最被期待的規劃之一，政大在一〇二年更與臺灣師範大學、臺灣科技大學共同開設「創意設計實務學程」，結合三校彼此之優勢與強項做為發展主軸，培養跨領域文創產業人才。

從「三校聯盟」到「多校聯盟」，在一次又一次的會議與討論中，負責規劃的政大教務處同仁受到很大的鼓舞，希望以學生為核心，在更高的格局上實現大學多元探索的精神。

八十校慶形塑創意校園氛圍

活動有趣活潑，令人難忘

政大的校慶在五月，到了校慶當天會舉辦啦啦隊比賽、大隊接力、跳遠、趣味競賽等等。然而，看似熱鬧的校慶，其實除了報名田徑比賽的同學以及主要由大一大二生參加的創意啦啦隊，對多數學生而言，校慶就是放假日，很少會參加學校的活動。不過，在民國九十六年舉辦的政大八十週年校慶，倒是很不一樣，至今仍讓許多政大人回味無窮。

政大八十週年校慶從五月十八日到二十日，陸續展開一連串的活動：滾山球、創意市集 Campo

走出實驗室，你就是一個社會人，除了要懂得如何和人溝通，更要懂得如何看待社會問題。

卓越踏實
政大八十人文薈集

BEARS

國家交響樂團 National Symph
NSO

Fun 心找樂趣、露營烤肉 Party、校慶煙火晚會、環山健行與河畔風箏活動。政大請到名主持人陶晶瑩校友主持校慶煙火晚會，政大金旋獎校友歌手如陳珊妮、蘇打綠、Tizzy Bac 也到政大開唱，許多同學為了一睹偶像風采，早早便到現場等候。

有一位校友在政大貓空行館貼文分享，「我在政大的四年，從來沒有參加過校慶，就連有時候班上會抽籤找一些充場面的人頭參加，我也從來沒有被抽到過。結果畢業之後，反而我去了，因為政大校慶八十年來難得一見的盛大，一整天有 CAMPO 創意藝術市集，晚上還有戶外演唱會和煙火秀，傍晚開始操場上出現了一個一個的帳棚。原來可以夜宿政大並提供了一份烤肉用具，可以跟當年的同學一起露營感覺很不賴。」

還有同學說，「政大八十校慶的舉辦盛大且成功是有目共睹的。老實說，這次的校慶晚會真的讓我深深愛上政大，這麼一個肯用心肯花錢不惜成本，只為了把政大八十校慶活動辦好，真的令人動容。」

其實，當時籌備校慶時，政大的行政職員心中非常忐忑。因為在校慶前的前幾週，天氣不定，時常陰雨綿綿。因此，主辦校慶的祕書處同仁還每天到附近的土地公廟，祈福校慶日當天不要下雨。土地公似乎聽到懇切的心聲，校慶當天竟然沒有下雨，等到晚上活動結束後，接近午夜時，才開始下起雨來。

除了有趣好玩的活動，由廣告系教授陳文玲與學生共同策畫出版的《政大不可不幹的八十件事》，也選在校慶前夕舉行新書發表會。

吳思華談起這本書，「最讓我印象深刻的是當時陳文玲老師帶著一群熱血的同學與校友來找我，並表示要出版一本保證很有趣，但學校絕對不可干涉的書。」這本書集結年輕人的 Kuso，用另類與貼近生活的方式，訴說政大人的點點滴滴回憶。

在政大八十週年校慶，學校選出政大八十位風雲校友，包括林懷民、曾志朗、蕭萬長、李四端、陶晶瑩等人。前行政院院長蕭萬長是外交系畢業的校友，他回憶在政大的歲月，記憶最深的是政大的校歌：「管理眾人要身正、要意誠……。」

這次校慶為何辦得如此盛大？吳思華表示，因為八十年來，政大歷經南京的中央黨務學校時期；抗戰期間重慶的中央政治學校時期；臺北木柵指南山的復校時期，一路走來，親愛精誠的校訓始終是政大的核心價值。透過八十週年的校慶對外宣示，政大將會邁入另一個階段，從人文關懷、專業創新、國際視野的角度來經營政大。

山球滾校園，滾出政大新傳統

「碰！」吳思華鳴槍，第一屆政大滾山球比賽在一片歡呼聲中揭開序幕！第一棒分別由九個學院院長擔任，只見各隊距離不相上下，院長及各系同學「逐球中原」，不到最後還真不知鹿死誰手！由教授高永光領軍的社會科學院把其他隊伍遠遠甩在背後，以八分三十四秒的傲人成績拔得頭籌，搶下第一屆滾山球大賽冠軍。

廣告系教授游本寬想出「滾山球大賽」，突顯政大東傍指南山、西濱景美溪的特色，更成為八十校慶的三大體育活動之一。當時的體育室主任王清欉笑著說：「想到西瓜節就想到師大，我們當時也希望政大在八十校慶時舉辦學院間的滾山球比賽，創造出『滾山球＝政大』的新傳統！」

滾山球的比賽規則很簡單，參賽隊伍手裡拿的不是接力棒，而是改成「山球接力」，但是不能把

國家交響樂團（NSO）擔任政大八十校慶第七屆駐校藝術家。

透過八十週年的校慶對外宣示，未來將從人文關懷、專業創新、國際視野的角度來經營政大。

球扛在肩上跑，也不能讓球跑離手掌心。以山下綜合院館為起點，繞過司令臺、八角亭，接著上山前往渡賢橋、藝文中心，繞著蔣公銅像轉一圈後，再沿著原路下山。

賽道全長二．二公里，參賽隊伍接力滾動直徑一百一十公分的大型籠球，直至回到終點處。聽起來似乎不怎麼難，不過試過的人就知道，要一邊滾動半人高的山球，一面上下坡道，不小心便會出現「人追著球跑」的窘況。

當時的體育室組長林文乙表示，透過各院院長的參與，大家都希望滾山球的活動能一年一年傳承下去，未來有更多師生參與。團隊運動讓隊友們同心齊力，老師與學生的組合，更讓彼此看到不同於課堂上的另一面，一同展現拼勁與團結。儘管考量到安全因素、參加人數不足和活動協助人力等問題，在八十校慶兩年後，滾山球活動改為繞操場兩圈舉行，但不變的是山球接力滾動下的團結同心。

NSO 進駐政大比照兩廳院規格，師生也瘋狂

一年一度的駐校藝術家活動已經成為政大每年最受矚目的藝文盛事；政大八十歲這一年，政大特別邀請國家交響樂團（NSO）擔任政大第七屆駐校藝術家。NSO 駐校人數之多不但創下政大有史以來

的紀錄、也是政大第一次邀請專業級的交響樂團進駐校園；對於當年剛成立滿二十週年的NSO來說，也是首次把整個樂團搬進校園。為期兩週的NSO駐校活動，一共在政大舉辦了四場藝術講座，讓政大師生從各種不同的角度「發現NSO」，NSO還在政大辦了三場音樂會。

同時，為讓政大師生對NSO有更多的認識，駐校期間在風雩樓大廳舉辦「NSO 20週年特展」，搭配「NSO歌劇系列」的影片欣賞活動，回顧NSO近年來和林懷民、賴聲川、鴻鴻、魏瑛娟及黎煥雄等進行跨界合作的演出。此外，NSO也邀請一百位政大師生參加「開放彩排與音樂廳導覽」活動，讓學生瞭解音樂會前的準備，當學生進入國家音樂廳NSO的彩排場地時，簡文彬正在「磨」一個小節，要求全部團員一次又一次重新來過，尤其讓大家印象深刻。

校慶當日晚間壓軸登場的NSO駐校演出，藝文中心大禮堂裡座無虛席。由加拿大多倫多愛樂音樂總監暨常任指揮史特拉頓（Kerry Stratton）與NSO合作，在藝術中心大禮堂演出俄國作曲家史特拉汶斯基的《火鳥》組曲；安可曲時，當NSO緩緩演奏出交響樂版的政大校歌旋律，全場師生大呼驚喜，無疑是NSO送給政大八十校慶最好的生日禮物。

寫下自己青春的斷代史：《在政大不可不幹的八十件事》

每年的校慶，總在汗水淋漓的運動會、聲嘶力竭的加油聲中度過。有群人企圖顛覆這種千篇一律的儀式，決定換一種方式來參與政大校慶，這是由陳文玲和學生所發起的創作計畫，集合學生的巧思與創意，紀錄政大人獨特的校園生活文化，告訴大家「在政大不可不幹的八十件事」。

「唯有書寫自己的東西，才會看見真誠和勇氣。」陳文玲說。她表示這本書的主軸正是在政大非做不可的八十件事情。這些人、事、物，都跟政大人密切相關，但卻習焉不察，於是透過不同於尋常的方式，展現自己所認知、感受的生活內容，也讓這本書的讀者重新去審視、發現這些自己遺忘或忽略的東西。

當時的廣告系二年級學生魏閣庭就以繪畫的方式呈現大學生熬夜的經驗，圖畫當中一面黑白，一面彩色，強烈的對比，展示同樣的熬夜、兩樣的心情，她說：「一個人在熬夜的時候，是處於比較灰暗的時候。可能要面對的是期中考或一些報告。會受到巨大的壓力和無比的窒息感。但是如果換到彩色那面，可能就是夜夜笙歌，那是一個比較歡愉的場面，比較有色彩。」吳宣萱則是透過攝影，捕捉政大學生從捷運站到政大的整個過程，她用十六連拍的形式呈現，把作品命名為「進城」，她覺得政大學生拿著兩本原文書，就像提著兩隻老母雞要走進政大城。

書中的創意，有些是天馬行空的想像，也有些是朋友間腦力激盪的結晶，當時廣告系二年級學生吳玉麗回憶自己創作的過程，「其實就是幾個人開會圍一圈，輪著丟幾個點子，從中選擇自己喜歡的。」而陳文玲覺得這些創意正是對自身情感的一種投射，她說：「創造就像呼吸空氣，在一吸一吐之前完成。取之於社會，必須吐出去，經過一個人而吐出去的過程就是創意！」她發現創作這本書的時候，創意不斷的湧現，正是因為自己對政大的感情，讓她的新點子源源不絕。

《在政大不可不幹的八十件事》這本書是政大學生對自身生活的寫照，目的是記錄，過程是創意，寫下這本青春的斷代史，政大的路還很長。

雖然這本書列出了八十件事，但內文其實暗嵌第八十一件事，至於第八十一件事是什麼？書籍統籌者林函潔笑說，從一元公車到風雨走廊，都是政大人共有的經驗與記憶，每個人都有屬於自己的政大回憶，第八十一件事就「留白」給大家想像囉！

讓山上亮起來

政大的校園空間可分為山上與山下校區，但大多數學生仍倚賴山下校區所提供的生活機能，因而造就山上與山下校區發展狀況不均；所以如何加強山上與山下兩個校區的有效連結，提升山上校區的生活機能、增加學生的活動空間，呈現整體的校園特色，遂成為一開始的首要任務。希望透過「改造藝文中心」、「建設楓香步道」以及「大一女生住山上」等幾項工作，做為啟動「讓山上亮起來」政策目標的開始。

楓香步道是校園美麗的起點

臺灣文學研究所教授陳芳明每天都踏著楓香步道，走到山上的文學院，在楓紅繽紛中，楓香步道「彷彿穿越一條心靈受到淘洗的小路」，「一百餘株楓樹羅列在那裡，蔚為一首氣象非凡的長詩。」

政大的山上與山下兩塊建築群主要靠環山一道聯繫，每到下課，師生熙來攘往，人車同行於山坡路上，時常險象環生。雖然政大已經建了「風雨走廊」，作為人行步道，但是隨著學校重心移往山上、

陳芳明教授形容楓香步道：彷彿穿越一條心靈受到淘洗的小路。

楓香步道，是校園美麗的起點。

學生人數增加，原有的設施已經不敷使用。於是吳思華在接任校長不久，部分經費得到校友捐助，當時的總務長陳木金便在民國九十六年興建了全長約一公里的楓香步道，從渡賢橋頭開始，經過傳播學院、道藩樓、百年樓、季陶樓、政大藝文中心、蔣公銅像，到政大後山校門。途中除了會賢亭之外，還有好幾處休憩平臺，可以看見溪中游魚點點，翠綠的水岸草地綿延，與遠處的起伏山景相接，臺北一〇一矗立天際。

由於路幅上的限制，以及山坡地地質脆弱的不良條件，總務處利用路旁的楓香行道樹的樹冠底下，以採用鋼骨構造及南方松為主要建材鋪設棧道，在不妨礙行道樹的生長前提下，以最低程度的開挖，兼顧山坡地水土保持與維護行道樹生長不受破壞，騰空原本無法行走的空間。

楓香步道採用木頭材質，與周遭山景相融，也拉近了行人與自然的距離。但是木柵向來潮濕多雨，木質結構長期日曬雨淋，表面容易濕滑，木頭也容易腐朽，所以總務處經常巡邏維修，維護成本相對高出許多。所以在後來翻修時，使用更好的木料與鋼材，希望能延長使用年限、降低維護成本。楓香步道不僅貫穿校園的學術、藝文風景，更說明了解決問題的巧思與嘗試，以及不斷改善的過程。

整修藝文中心

位於半山腰的藝文中心落成於民國七十七年，是學生社團的活動空間，也是政大藝文展演主體之館，裡頭的視聽館、展覽空間與國際會議廳經常舉辦藝文相關活動與演講。

但是藝文中心曾一度因設備環境逐漸老舊，師生同仁特地前往藝文中心參加活動的意願越來越低，使得山上更形荒涼。配合八十周年校慶，我們第一步選定藝文中心做為內外空間改造的起點：首先進行一到四樓的全面整修，讓返校參加八十周年校慶活動的賓客眼睛一亮，這是讓山上亮起來的第一步。後來又持續進行視聽館、大講堂的整修，緊接著博雅書房、創意實驗室，以及提供山上生活機能的超商也陸續進駐藝文中心。

第一次改造給大家最大的驚喜是從四樓超商走到頂樓的木平台，原本是置放冷氣的閒置空間，重建藝文中心時，建築師提出以極少經費便可改建為一個休憩的好去處，果然巧手一揮，現在成為學生與附近居民眺望景美溪的優雅、享受水岸風景的最佳去處。

此外，為了加強山上校區的教學設備，藝文中心二樓的國際會議廳改建為可容納一百八十人的「舜文大講堂」，做為提供政大書院及通識課程之用，這間仿古代私塾設計、充滿濃濃中國風的大講堂，已成為師生最喜歡上課的地點；二樓的舞蹈室改為數位藝術學習中心，又在民國九十八年成立了「數位藝術中心」，打造數位藝術互動平台，促進跨領域、跨文化交流，培育文化創意種子，讓藝文中心兼具傳統與現代的特質。開幕當天邀請了知名數位藝術家黃心健，帶來「凝視」、「上海，我能請你跳支舞嗎？」、「靜止的聲音」、「皮相底層」等互動作品，其中的「凝視」，運用電腦人臉辨識技術，當觀眾置身於螢幕前方，螢幕會以觀眾臉孔虛擬家族成員，當觀眾與螢幕上的虛擬成員互相對望時，他是創作主角，同時也是旁觀者，凝視著有自己臉孔的古老家族照片。

經過這番整修，藝文中心改頭換面，加上後來興建的水岸電梯與國際大樓電梯，打通河岸到山上宿舍的交通動線，矗立在指南山半山腰的藝文中心，彷彿一座氣質優雅的城堡，靜靜地以她美麗的姿態、全新的角度面向社區，歡迎更多人隨時走進來停留、駐足，與藝術人文激盪、交流。

水岸電梯

創造就像呼吸空氣，在一吸一吐之前完成。取之於社會，
必須吐出去，經過一個人而吐出去的過程就是創意！

休閒步道

藝文中心的星空廣場

創意實驗室

有廚房的創意實驗室

走進藝文中心三樓的「創意實驗室」，則是另一個讓人眼睛一亮的地方。在這裡常常可以看到一群學生光著腳、坐在木質地板上聽講，再往裡面，是一處設計簡潔的咖啡吧檯。這個開放自在、激盪出創意能量的學習空間原本是銜接樓與樓的閒置空間，後來在學生、學校和設計師三方努力下，規劃為六間工作室、木頭地板展演平臺和一個開放式廚房。打從創意實驗室啟用以來，最熱門的就是這個隱身在三大片落地投影玻璃後面的小廚房。

廚房的前身，是一個叫做 Bbrother 的塗鴉團體。

民國九十四年入學的新鮮人，發現自己來到一個滿是塗鴉的校園，接著，BBS 恨版、部落格、大學報開始出現謾罵。Bbrother 的頭目是個傳院畢業生，他說他動手塗鴉是因為「希望參加一場革命，我希望成為一名顛覆者，我希望加入地下組織，我希望死在波利維亞山區。而上面四者我都太忙沒空達成。」

這群選擇在政大塗鴉的畢業生，究竟想對自己的校園說什麼呢？Bbrother 或許會這麼回答：「這個空間看不見我們，聽不見我們，不屬於我們，我們用塗鴉來參與和擁有自己的大學。」Bbrother 發出的是學生渴望參與空間和擁有大學的聲音，於是，廣告系教授陳文玲開始邀請學生一起參與籌設創意實驗室。

他們先從空間規劃開始。學生提出規劃案，再由老師領隊跟建築師溝通，後來發現行不通，這個任務對於欠缺設計專業的師生來說難度太高。於是便由學生提出需求，陳文玲記得那是一個炎熱的午後，風扇在頭頂瘋狂地旋轉，學生則七嘴八舌地發言：「沙發」、「床」、「書架」、「舞臺」、「寵物」、

「Wii 遊戲間」、「榻榻米」、「打坐室」……突然有人冒出兩個字「廚房」，並說：「住在宿舍裡，連冰汽水的地方都沒有。」也有人說：「想要煮點東西吃好困難。」另外一個說：「有了廚房，才會有家的感覺。」掌聲響起，表決通過，規劃中的創意實驗室裡必須有個廚房。

要在公共空間裡佈置像家一樣的廚房，不是件容易的事，在行政上更是一個大挑戰，好在有設計師的堅持和總務處的支持，藝文中心出現了一個兩米四寬、兩米七長，周圍可放置六張高腳椅，內圈有兩個小電爐、一臺微波爐、一座水槽、一組水龍頭、一組可直接飲用的冷熱水管和一臺小冰箱的迷你廚房。有了廚房以後，用來做什麼呢？那些當初開口要廚房導致現在不得不經常現身的學生回答：「我們想做西點。」又說：「我們想開一家自助式咖啡館！」前者變成一堂「跟大師學習」，後者則變成「問題、創意與實踐」課的專案之一。

「做西點跟創造力有什麼關係？」經常有人問陳文玲。但她以甜點達人陳妍希來校講演時曾對學生說的，「大學時代讀的書，要等到畢業以後進入社會才能驗證，但蛋糕發得不好，十分鐘就會露餡。」對於來到創意實驗室的學生而言，做西點和讀哲學一樣，都是在練習運用手邊素材解決問題。

自助式咖啡館創業時募得五千元，到了學期末只剩三千元出頭，但是廚房及其周邊場域卻漸漸活絡起來——沒課的學生來這裡看書，自創食譜的學生來這裡試菜，老師帶著研究團隊來喝茶，秘書室送來十包咖啡豆和五十只漂亮水杯，約好下午掃地的同學乾脆提早來打養生果汁，這個空間就這樣讓創意實驗室有了家的感覺。

廚房啟用後第一個春夏之交，蘇打綠吳青峰捐給創意實驗室一臺大冰箱，陳文玲不確定 Bbrother 是否同意在冰箱表面塗鴉，但她堅信繼續用 Web 2.0 的概念設計人、空間、創意與技術共構的學習經驗，知識就會內化，體驗就會深化，大學才會真正像家一樣。

校園不僅是同學休憩的空間、學習的場所，也是學習人生與研討課業的地方。

環山道木平臺

政大校地面積超過一百公頃，建築物多集中於山下校區。後山校園大部分為樹林和草地，只有研究總中心和六期運動區零星散布其中，平常是附近民眾健行、運動，和校內體育課的場地。隨著後山活動的人數不斷增加，政大在民國九十六年利用道路旁的空地，在樹蔭下建了一座木平臺，設有三組桌椅和簡易的木條坐椅等設施。木平臺位於環山道的制高點，也是木柵地區的茶山古道——飛龍步道——的起點，向上可通往樟山寺與貓空山區。

這個簡單的設置改變了行人遊客的心情步調，每當路過這裡時，都會坐下來歇息，三兩知己悠閒聊天，展現駐足、交流的校園氛圍，更多的故事與創意在這裡自然發生。學校為了服務來往行人，特別情商一部行動咖啡館進駐此地，老闆劉佑才開著一台行動咖啡車，每逢週末假日都會在木平臺提供咖啡飲料和簡單的餐點服務，登山民眾得以在此歇腳，享受一杯飲料之後再出發。

宿舍搬遷，大一女生住山上

山下校區空間有限，所以新建的宿舍也是往山上發展，在民國九十七年以前，因為考慮到山上的自強宿舍地處偏遠，所以主要是提供男學生居住。

不過，山下的莊敬女舍在民國九十七年開始進行長達一年的整修期，政大便將文學院、外語學院及傳播學院的大一女生遷至自強宿舍，同時加強自強宿舍的相關設施。安全，是學校、學生和家長最關切的問題。為了保護女同學夜晚上山回宿舍，學校還安排「護花使者」，陪女同學上山，校安巡守隊也會定點巡邏、注意夜間返舍路線狀況，必要時緊急聯繫警衛隊或宿舍服務中心。後來因為使用頻率低，學校在民國一〇一年決定停辦。

在把新生集中在自強宿舍的同時，政大還進一步推行大一新生書院計畫，由諮商中心安排宿舍導師等，幫助新生適應宿舍生活。山上也設置山居學習中心，提供學生學習與休閒的空間，落實「學宿合一」。並且，校方也在藝文中心設置舜文大講堂，把大一新生的通識課程安排在此進行。

大一男生、女生同住在山上宿舍區，使得同學間的互動更容易、也更自然地發生。地政系學生林郁霖表示，大一住山上時，因為剛進入大學，對環境、同學都很不熟悉，但山上的安九食堂提供了一個平台，而且開放到凌晨兩點半，同學朋友之間常常會聚在那邊討論報告或聊天，慢慢會跟同學熟絡起來。大二搬到山下之後，

環山道木平臺。

每當行人遊客路過環山道木平臺時，都會自然的坐下，三兩知己悠閒聊天，展現駐足、交流的校園氛圍，更多的故事與創意在這裡自然發生。

同學之間反而不容易找到適合的場地進行討論。

政大藉由把大一宿舍安排在山上、整修藝文中心，均衡了校園的活動重心。負責這項計畫的學務處生輔組組長林秋霞表示，學校希望在學生宿舍也能營造學習氛圍，讓課堂的學習與生活的學習能有更進一步的結合。

擁抱社區

土地公獻戲

政大指南路上的土地公廟，陪伴著政大走過百年的光陰歲月。百年前，政大校園旁的土地公廟，只是在茭白筍田上以三塊石頭搭成的。民國六十三年漸漸有廟殿的型態出現，並在民國九十七年重新再進行修建工程。走進土地公廟的內殿，香火燻黑的樑柱與面有烏黑痕跡的石雕土地公，見證了土地公廟的香火鼎盛。

這尊土地公十分靈驗，每年土地公生日，社區與還願民眾總會請來歌仔戲班唱上半個月，附近民眾或政大師生常擠滿廟埕。為了感念土地公廟陪伴政大多年，中文系教授蔡欣欣在土地公廟修繕完畢，提出政大獻戲元年的構想，由政大學生來獻戲，動員歌仔戲社、醉夢歌劇團，第一年獻演《曹橋結拜》、《劈山救母》、《益春留傘》、《游湖借傘》等四齣傳統經典折子戲，到第七年的《薛平貴與王寶釧》，還邀請同在木柵的國立臺灣戲曲學院同學聯手同台，年年演出，由衷表達對土地公長久庇佑政大師生與社區民眾平安的感謝。

說到社區民眾來土地公廟前看戲，師生與居民和樂融融的畫面，就要從不得不回溯政大與居民之間關係的故事。其實附近居民一直認為政大當初在木柵指南路復校的校區，是向當地居民徵收而來，長年累積了許多不滿；經過多年不斷努力溝通，土地公獻戲反而化解了雙方的緊綳關係，也讓社區民眾看見學校的用心與同學的可愛。

藉由政大歌仔戲社為土地公獻戲，也讓更多人了解自己的文化本源。到土地公廟演出前，遵照傳統習俗，邀請校長與一級主管上香請示。這樣的做法，無不希望學生可以從中了解其中的文化脈絡，加深自己對傳統戲曲的了解。

不僅如此，臺灣歌仔戲是本土戲劇的代表，藉由在土地公廟獻戲的活動，看見人、土地與文化之間的緊密聯繫，政大學生的參與過程中，會有更多愛戲人「學戲」、「看戲」。「土地公獻戲」成為政大傳統，讓學生每年都對守護政大的土地公，致上謝意。學生在活動參與的過程中，也可培養人文精神，並加強社區與學校的連結。

揚帆：系統推進

校園本身，就是一個有特色的藝術環境。

What we really need

我始終秉持「改變是可能」的精神，以發揚光榮校史、師法國際標竿學校的前提下，訂出一連串的再造計畫，從節慶、空間改造的逐步被看見之後，大家相信改變是可能的、有意義的、有回報的，那麼比較不容易被看見、一直在進行的基礎改造，就有更多動力去推展、實踐，我們才能達成博雅創新的大學教育、國際一流的專業學院、自由卓越的學術研究等目標。

人文社會科學發展憑藉的不只是實驗室，更是典範，傑出教授才是引導社會發展的重要力量，因此大學有大師，更需有傳習制度，讓年輕老師和學生親炙大師風采，養成良好的教學態度。同時，現今社會最需要的年輕人，不僅應具備專業能力，更應擁有廣闊的視野與豐富的知識，才能成為未來社會的領導人，針對這一點，我們將博雅教育分為思想的全人和生活的全人，兩者同時全面推動。

其中，在思想全人上，學校通識教育的設計與革新就成了最關鍵的一環，為了使過去被視為「營養學分」的通識學習更加紮實，政大通識課程這幾年有了不少改變，設定核心課程，引進了國外實施已久的TA制度，增加許多藝文課程，我們雖然沒有藝術科系，可是從政大出來的藝術家或是從事藝文工作的校友非常多，這點我們非常自豪，關鍵在於我們沒有藝術科系，但有其他豐

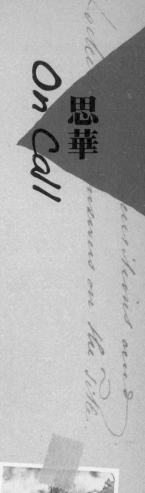

富而獨特的藝文活動。

其實政大校園本身就是一個有特色的學習環境，比如歷史最悠久、串連所有政大人回憶的「文化盃」合唱比賽、有「明星夢工廠」美譽的「金旋獎」、形形色色的音樂和藝文相關社團。其中最具特別性的，我認為是在鄭瑞城校長任內規劃舉辦，至民國一〇三年已經舉辦十四屆「駐校藝術家」，讓同學們的大學四年像海綿一樣，沉浸在有多種活動的環境裡吸收藝文的養分。

這幾年來，政大在美感教育上做了很多「第一」：東區「粉樂町」第一次進入校園、第一次有藝術家進入大學駐校完成創作、第一次由大學生自行創作音樂劇，在沒有藝術類科系的大學裡也是創舉。這些活動使政大校園不斷充滿各種驚喜，我覺得這「驚奇感」是政大這幾年在活動和環境營造這兩個面向相當重視的部分。你發現校園的新變化會覺得這很有趣，那一瞬間的「驚奇感」正是創意最重要的來源。

在舉辦活動的過程中，藝文中心和秘書處的同仁，以及擔任志工的同學們是一個團隊，將每一個大小活動都打造得非常有特色，我認為這本身就是一種創造力的展現，同時也是鼓勵大家發揮創意、腦力激盪的過程。

培育具時代前瞻眼光、得以引領趨勢的領導人才是政大創辦的初衷，而領導人才的見解、格局無法從竟日埋首書堆涵養。面對生活條件普遍改善、以及少子化的時代變遷，今天的學子在成長過程中，較少在困境中進取以及與人合作、為人付出的經驗。因此，在政大校園裡，除了提供學術氛圍供師生浸淫思辨，更陸陸續續透過師生激盪，「創造」出諸多有趣好玩又有意義的團隊合作任務，為學生開展各式各樣親身參與實作、經歷見聞的機會，讓新一代人才在埋首學術鑽研之餘，也不忘抬起頭來，更真切看見時代現場與自己在團隊人群中的使命。

如果「生活全人」與「思想全人」是值得追尋的願景，以大學之「大」，教的應該不只是知識與技能，書院叩問了長久以來社會大眾對於「大學」的刻板印象，開展出勇敢曲折的實驗，經過這麼多年的調整，慢慢才浮現出博雅教育的成效。刻意為大一新生設計的超政新生營，已成為政大書院的招牌活動，而在太陽花學運期間，絕大多數留在校園內上課的同學儘管沒有直接參與，但或多或少都產生許多困惑與焦慮，而回到宿舍，有輔導員、有導師可以陪伴，共同討論，從喧嘩雜亂的聲論中，逐漸釐清思緒，在生活與思想上能有所依歸，正是書院教育的價值意義。

除了充實學問、涵養人格之外，更重要的是如何學習多元尊重、與國際接軌，在這個世界是平的時代，身處臺灣的我們面對來自全球競爭的挑戰，是更為險峻的。儘管面臨許多挑戰，但無論是教學國際化或校園國際化的步伐，政大領先國內其他院校，而在研究國際化的領域，政大更以原本具優勢的選舉研究、中國大陸研究、創新創造力等領域外，以中文對話、國際發表為原則，以專書或期刊形式在國際流通，成立大學出版社來協助出版經典著作，展現政大在人文領域的獨特性。

讓政大成為被抹平世界中最獨特的大學，成為臺灣社會的精神堡壘，我是一直這樣這樣思考。大學是良心事業，不應追逐排名，不可操弄指標，而是要以穩健的步伐，在同仁們共同努力下，從教學、研究、國際交流與校園建設等各面向系統推進，雖然腳程不快，但那個山頂，才是真正的大學精神。

政大新聞館／水彩／廖國成　繪

每個大師都是一個典範

何謂大師？大，是學問的宏大與成就的傑出，師，是為人師表，能夠成為世人的模範，在任何領域，都懷抱理想與熱情，經得起歷史考驗，時間檢證，能夠成為「大師」並不是件容易的事情。前北京清華大學校長梅貽琦說：「所謂大學者，非謂有大樓之謂也，有大師之謂也。」可見「大師」的存在，對頂尖大學來說，十分重要。

對於一所大學來說，「大師」的存在究竟有哪些指標性的意義呢？首先，是他們學術成果的質與量，能夠作為其他人學習的榜樣，給世人知道有一個目標，讓自己覺得值得去追隨。再者，大師往往是對國家有卓越貢獻的人，正因為他們長期投入心血在自己的崗位上努力，因此促進了社會文明的進步。最後、也是最重要的是大師的「精神」，他們的人生故事不外乎告訴學生成功者須具備的特質，如果有理念、有熱情、加上毅力去執行，每個人都能活出精采的人生。

現在有些大學慣於把重心放在如何購買昂貴的器材，如何蓋更多的教室，這些或許是出於時代的必須。但是身為一所以培養一流人才的大學，不僅要有好的設備，更要有能夠為師生典範的大師。無論從國際的觀點來看，或是回顧過去的大學史，最受重視的大學其實就是擁有最多學界宗師的地方。我們相信，「大師」就像一所大學的靈魂，正因如此，更要把心思花在這裡，讓所有人看見政大擁有許多的大師，是多麼可貴的資產。

大師的深度，指南的高度

一所頂尖大學立足世界的資本，並非硬體設備的更新，而是具不具有真正的「大師」身在校園。放眼西方，無論哈佛、牛津或者劍橋，都是以能否擁有或邀請大師級的學者蒞臨執教為最高的追求，而非比較器材的昂貴與否。這是因為能夠在各領域成為大師的，理所當然在言教、身教上都足以為全校師生的典範，因此他們的存在，同時也象徵了大學身為學術殿堂的格局。

政大於民國九十一年起，為了提升教學及研究水準，訂定講座設置辦法，並且在同學年度延攬了管中閔、曾志朗等大師級專家至政大授課，同時積極在國內外延請更多不同領域的宿望學人，至一〇二學年度，有三十七位具國際聲望的學人受聘為講座教授，讓學生更能親炙大師，注入了不可或缺的新能量。

透過講座制度的施行，我們得以擁有比其它學校讓更多大師蒞臨的機會，「講座教授」在受聘期間，有的開設特定的課程，有些則透過舉辦專題演講或研討會，讓學生能夠近距離感受大師的風采。部份講座教授更會親自指導研究生論文、執行研究計劃，或帶領嶄新的跨領域團隊，將他們豐富的學術涵養傳授給願意學習的對象。

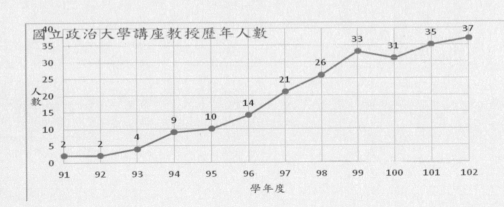

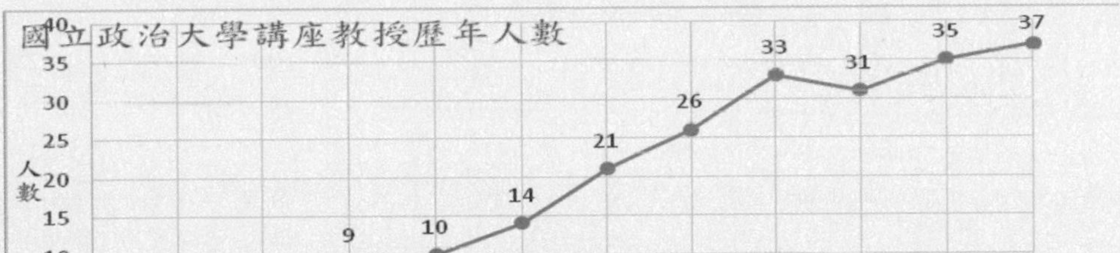

大學是擁有最多學界宗師的地方，
「大師」就是一所大學的靈魂。

以人文社會學科來說，精研神經學的李小媛教授，透過一次次的「山居導師之夜」，帶給同學豐富的醫學知識，同時也療癒聆聽者對生命的困惑；張廣達教授投入畢生心血的中亞文化史研究，使同學感受到歷史文化研究的深度與厚度；臺灣文學的舵手陳芳明教授，以寬厚的胸襟與氣度，注入臺灣文學新能量；錢致榕教授本著知識份子的良知，對於真理有著從不放棄的執著與擔當，他對專業的投入更啟發了不少有志於此的學生。

兼任美國杜克大學（Duke University）與政大講座教授的林南先生，將小班教學、專題導向、獨立思辨的外國經驗運用在課堂上，由於他那句「大學時代就知道開始思考自己，是很寶貴的人生經驗」的溫情叮嚀，許多同學展開了自我認識的道路。以人類學、考古學切入古史而榮膺中央研究院院士的許倬雲教授，早年對臺灣社會民主政治轉型積極參與，近年則致力於歷史知識的普及化，其關注人間的情懷令人動容。專長於數位文化的張卿卿教授，不僅著作等身，獲獎無數，更擅於引入最新的傳媒資訊。以丹道研究馳名兩岸的李豐楙教授，以他豐沛的熱情傳遞傳統宗教、文學和臺灣民俗之美，一次又一次的見證了中華文化的悠久與博大。

在商學、法學、管理學與政治學的領域，同樣也佇立著眾多令人敬佩的大師。如臺灣第一位留美會計博士鄭丁旺教授，以來自美國的啟發式教學，創造了既嚴又富有活力的會計教學範式。另外，「因為艱辛，所以很快樂；因為辛苦，所以很勇敢」的吳安妮教授，從夜間部畢業、念碩士、高考、公費留美、取得博士，兼重學術與社會相結合的理想。企管學界極負盛名的司徒達賢教授，無論個案教學法、實務案例配合理論都駕輕就熟，他更打造了「政大企家班」，培養了一批終身學習、不斷進步的企業家，對臺灣的經濟及社會影響深遠。來自普度大學管理學院的唐揆教授，無私地貢獻他在美國耕耘卅多年的經驗及人脈，不僅提升政大商學院的國際知名度，也是政大國際化的重要人物，他鼓勵學

金觀濤老師

吳靜吉老師

錢致榕教授

陳芳明老師

司徒達賢老師

汪琪老師

生爭取留學與海外實習的機會，為協助企業開拓全球市場的頂尖人才作準備。嫻熟德、英文獻的蘇永欽教授，在研究上宏觀與微觀並重，以跨越法律、社會與政治的科際整合，厚植政大法學的沃壤。身為終生榮譽國家講座主持人的梁定澎教授，藉著他專長的電子商務領域，鼓勵學生發展主見和培養創造，以期能從嶄新的構想來思考未來方向。率先運用 GIS（地理信息系）進行地緣政治研究的黃紀教授，與國內外政治學者合作於民國九十年創辦「政治學計量方法研習營」，至今已逾兩百位研究生及年輕學者參與訓練，培養了至少十位博士新秀，為政治學理論人才之薪傳作出極大的貢獻。召集領導「兩岸關係與中國研究——現代中國的形塑與區域安全」計畫的王振寰教授，多年來致力整合政大中國研究的既有能量、成功籌組數個「優勢核心研究團隊」，並透過多年期國科會整合型研究計畫，建立更具影響力的中國研究社群網絡，該計畫不僅是政大的頂尖大學計畫重點領域，其研究議題與影響力更與國家、社會的發展緊密相連。

如果說政大的「學」是奠基在一群卓越教師與優秀學子的共同努力；政大的「大」更無疑在這些學術巨人身上得到證明。全校師生從這些大師的魅力與風範，獲得更多向上提昇的動力，使政大以更穩健的步伐邁向國際一流學府。

傳習制度象徵歷史火炬的接力賽

政大擁有來自各界的大師，作為研究與教學的強力後盾。同時我們也相當重視對新進教師的培養，首創「傳習制度」的用意，就是期望將原本資深教授寶貴的經驗，有效地傳授給年輕人。

今天的大環境比過去更嚴苛，無論是對個人研究成果的要求，或者逐漸細緻化的教學評鑑制度，對新進老師都是極大的挑戰。但是設身處地：他們才剛「踏出」校園，卻又馬上「踏入」校園，短短的時間，他們就從台下的「舊生」搖身一變成講台上的「新生」！很多年輕老師都期待能獲得前輩的傳承。政大厚實的傳統與師資，正是他們最好的典範與學習的對象。

過去臺灣的大學院校一直缺乏完善的教師傳承制度，將資深教授的教學經驗跟新進老師緊密連結。許多優秀的前輩學者，雖然擁有豐富的經驗及迷人的丰采，卻始終缺乏適當的管道或場合傳授給新來的年輕人，這種經驗傳承的斷裂是非常令人惋惜的。如果在這之間有新老師摸索不出方向而熱情消褪，失去初衷，更是學校與學生的雙重損失。

於是，政大率先提出「傳習制度」，自九十六學年度第二學期開辦，到一〇二學年度第一學期已經有七梯次，八十八組團隊，一百八十位教師參與。這些年輕老師透過傳習制度而得到的收穫是出乎想像的豐盈，在推動中獲得巨大的迴響，這種傳承充滿遠景。每年參加的老師逐漸增加，同時也促進資深老師與新老師之間的團結與向心力。

在我們規劃的「傳習制度」中，涵括了大學教師生涯最重要的兩個層面——「研究」與「教學」。有些新進教師對於如何累積研究成果、如何規劃自己研究的脈絡充滿困惑，在資深老師的點撥之下，往往能快速掌握規劃的方向，制定具體的執行步驟。有些人的問題集中在如何教學？如何吸引學生？這時新進老師可以直接到資深老師的課堂實地觀摩。此外也可以在資深老師面前進行「微型教學」，在「微型教學」中，台下的資深老師能夠更快也更具體地提出建議。

「傳習制度」的精神既是傳承，更是創新。它讓政大優秀教授累積的數十年「功力」，可以盡數傳授新人，這些新老師在繼承前人的經驗後，就能夠更有自信地發揮自己的創意，發展出個人研究跟教學上的新風格。同時，在這個充滿可能性的「傳習制度」中，各種新的合作方式、新的意見跟火花也不斷產生，政大老師間透過這種交流形式所展現的向心力與創造力，可說是在國內絕無僅有的。

博雅創新的全人教育

思想的全人

◆核心通識與 TA 制度

現代社會所面臨的問題錯綜複雜，必須從多面向來思考，才能有妥適的方案。我們不能做「文盲」，也不能做「理盲」，因此，紮實廣博的通識教育是大學的根本，當然更重要的是如何透過深刻的對話，培養學生具有縝密的獨立思考能力與細緻的執行能力。

通識中心早在民國九十一年便開始思考調整通識教育的各種可能性，九十七年教務長蔡連康開始推動「先導型通識課程」，由校方投入資源，嘗試新的課程設計，發展迄今，「核心通識」不僅繼承了上述的理念，更與各系所充分溝通，由校方投入更充足的資源當作系所的後盾。

以往通識教育最被人詬病的地方，是課程體系架構並不明確，課程的開設沒有明確的指向性，只是「為開而開」，呈現出一種拼盤式的鬆散狀況，這種情形可說是各校皆然。

從一百學年第一學期開始，教務長詹志禹、通識教育中心主任陳幼慧積極推動新的「核心通識」課程，對這種現象作了有效的因應，讓所有課程扮演的角色定位明晰化，因而規劃了「人文學」、「社會科學」、「自然科學」三大領域，共廿一門核心課程，由全校各系所依專業開設，希望改變國內學生將通識當作「營養學分」的迷思，更進一步討論出「哪些課程是一個優秀的未來領導人必備的」，從而確立起「核心通識」的範圍。

在「核心通識」的概念建立起來後，學生就可以清楚知道這些課程的重要性與意義，了解哪些知識是成為一流人才必須涉獵的。他們可以重新定位通識教育與自己的關係，對自己的學習作最有效的規劃。

「核心通識」特別重視學生之間的討論，希望能引發學生主動學習的意願。傳統的教學形式多半是教師單方面的灌輸，學生只能在講台下聽，即使老師問：「各位同學有沒有什麼問題？」換來的可能是三十秒的靜默。這是臺灣當前教育的困境，也造成如今國內的學生對於如何表達意見、展現自己仍舊是相當不足的。

「核心通識」除了授課老師之外，又另外設置數位助理開設討論課，引導同學發揮獨立思考、自我判斷的能力。我們在執行的過程中獲得令人驚豔的成果，不少同學覺得「核心通識」變得更有趣、更活潑了，並且在討論的過程中，激發出自己過去未曾發現的潛力。

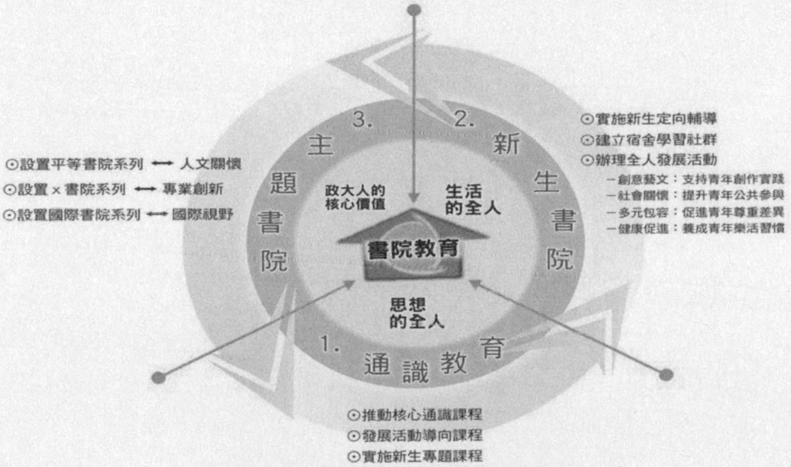

以書院為核心之博雅創新教育概念圖

「核心通識」將原有的課程更體系化，呈現出更細緻的全人教育思維。

舜文大講堂的通識課程

通識教育的精神在於使每位大學生不僅要「專」，
也要能「廣」，成為一個博雅的通才。

每學期末，通識教育中心都會邀請當學期的核心通識授課教師，對於上課內容、教學創新或學生學習動機的激發等內容進行分享，一方面可協助檢視核心通識的發展狀況，掌控課程品質；另一方面也希望透過教師的相互激盪，激發更多創新教學的火花，提升教師的自我成長與實現。開設「中國大陸研究」課程的東亞所王信賢老師便分享：「（開設核心通識課程後）心境有所轉變，從東亞所的老師變成政大的老師。」

核心課程的開授使教師從傳授專業知識的「經師」，透過課堂、課後對學生的解惑、輔導與關懷，轉換為影響學生一輩子「人師」。核心通識不僅是政大培育未來人才的藍圖，同時也是激勵教師在教學上求新求變的推手，更促進了師生間的情感交流，形塑政大獨特的教與學和諧氛圍。

通識教育的成效一直是衡量國際一流大學的指標。它的精神在於使每位大學生不僅要「專」，也要能「廣」，成為博雅的通才。政大「核心通識」的改革理念，不僅重新定位了通識教育的高度，同時也是在為國內培養未來最需要的領導人才，在回應學生需求的同時，兼顧了頂尖大學的社會責任。

為了配合「核心通識」課程的發展，政大努力擴充了教學助教（Teaching Assistant）的員額，希望運用越來越健全的TA制度，幫助教學繁重的老師整理教材，同時讓台下的同學透過這個友善的助手，更快進入課程。

政大在民國九十五年引進了教學助教系統，並將重心一部份放到「專業課程」，另一則是「核心通識」，同時兼顧了學生「專」與「廣」兩方面的需求，可說是將教育部賦與TA制度的資源，予以更周延的運用。

學生除了希望在教授身上獲得知識，更期待在課堂中激發不同面向的思維與火花。但是，教授的開課時間有限，實在很難顧及每個學生的需求，同時也缺乏足夠的機會讓所有學生充分表達想法和困惑。TA制度就是為了改善這個單向教學的問題，活化學習的效能！

在「核心通識」的課程中，TA會另外安排「小組討論課」，這種安排適時彌補了有些課程授課時間不足的缺憾。原本對課程內容有疑惑，或者課後想要進一步學習的學生，都可以在這個時間和TA互動。由於彼此年齡接近，想法與觀念相通，TA除了更能掌握年輕學子的想法，也可以適時扮演教授與學生之間的橋樑，使雙方更了解彼此的需求。

TA制度本身還有個非常棒的立意——培養大學未來的優秀老師。大多數的TA是研究所的碩博士生，他們都懷抱著登上講台的憧憬，希望有朝一日自己也能執教，而「小組討論課」跟「演習課」這個舞台，就是希望這些「未來的老師」把握機會磨練自己的教學技巧。

為了達到這個目標，政大進一步設計了協助TA的培訓課程。每學期初，政大都會舉辦「教學工作坊」，邀請專業講師傳授教學技能，期末時，甚至還特別舉辦「成果發表會」，增加彼此間交流的機會，讓表現特優的TA，能夠把經驗分享給新人。

「生命價值與哲學思維」（沈清松老師授課）的TA劉育兆透過討論課的帶領，有了「教學相長」

的感觸：「在準備討論課的過程中，需要蒐集和閱讀一些相關資料、擬討論課的大綱；而在實際討論時，則需用自己的話說出來，並回答同學們的問題。這些都能讓我更了解老師授課的內容，也練習了一些技巧。」

「心理與生活」（孫蒨如老師授課）的李松晏也認為自己在第二次擔任 TA 時有所成長：「這學期我覺得自己最大的進步在於跟同學對談的自信心。過去在幫助同學解惑時，都會帶著有點膽怯的心情，害怕自己解釋錯誤或不知道答案。但今年有可能是課前準備較充足或是經驗較多的關係，在與同學們的對談和互動上，都可以從容以對。」

TA 制度日趨完備後，很多老師跟學生都反映：「我發現原本沉悶的課程變得更活潑，更有互動性了！」同時很多 TA 私下跟我們說，這是他們一生中難忘的經驗，由於有了這些上台帶領學弟妹的過程，使他們更認識自己、了解自己，在未來教師之路上建立起信心。這些都是 TA 制度為大學校園帶來的額外驚喜，我們相信假以時日，一定會有越來越多的課程因為他們的加入而更豐富，其中肯定會誕生無數備受未來學生喜愛的好老師。

◆美感教育

粉樂町讓校園成為「無牆美術館」

通識教育不僅在教室，更在校園的每個角落、每個活動中，尤其是美感教育，更應如此。因此，營造出一個充滿創意、讓人願意駐足的校園，一直是政大持續努力的目標。我們希望能打造出一個充滿驚喜的政大校園，讓大家能感受到創意的存在，願意花更多時間在校園停留，喜歡上藝術並與作品產生交流，從中得到更多創意。無論是老舊空間的改造，或是新建物的整修，我們希望運用巧思讓校園變得更有創意和人情味，這是近年來一直在努力的目標。其中，有兩件值得分享的例子：

第一個是與富邦藝術基金會合作，從民國九十九年到一〇一年，在藝文中心藝術總監黃巧慧積極推動下，連續三年秋天在政大校園舉辦的「粉樂町政大校園續展」。每年都會有數十件國內外藝術家創作的公共藝術進駐校園各角落，從山下校區的圖書館、行政大樓、電算中心到山上的藝文中心，都可以發現藝術品的蹤跡，政大就像是變成一座無牆的美術館。

粉樂町政大校園續展第一年時，圖書館前多了三個有著溫暖微笑的大型人偶，主題是「讓我們今天就擁抱吧！」，不只是小朋友，同學們經過時都會去跟他們「抱一個」，藝術讓校園變得更可親、充滿趣味，並將大家連結在一起，這是粉樂町最有趣的地方，也是美感教育最重要的部分。不只是大學教育，任何教育都該是如此：除了課堂的專業學習，校園本身也是值得學習的對象。政大的美感教育其實是希望能突顯這觀念。

連續舉辦三年，讓大家對校園產生完全不同的感情，有的同學們在大一一進來就碰到粉樂町，原以為粉樂町會一直留在政大陪伴大家，在知道粉樂町政大校園續展只有三年的消息後，有人覺得悵然若失，像是有個老朋友要從政大畢業一樣不捨。

法律系四年級的陳盈孜曾擔任粉樂町政大校園續展志工，它最喜歡粉樂町第一年陳置在藝文中心四樓，被同學暱稱為「洋蔥」、「洋蔥屋」的微建築聲音裝置「大洋蔥」。

從進入政大開始，「洋蔥」一直陪伴著她，當陳盈孜發現「洋蔥」即將被拆解，送往下一個景點時，一度希望它只是暫時離開，甚至不願意相信它不見了，因為對陳盈孜來說，「洋蔥」已經是政大的一份子了。因為遇見粉樂町，她才明白藝術真的可以走進生活，成為生命裡的一部分。

韓文系校友的黃莉雯與粉樂町一起從政大「畢業」，同時在東區粉樂町展覽和政大續展擔任過志

打造出一個充滿驚喜的政大校園，讓大家能感受到創意的存在。

工的她也表示，「可以和粉樂町一起畢業，我覺得很開心！」

「建築繁殖場」帶來的政大校園新風景

第二個例子則是民國一〇二年夏天由臺南藝術大學建築藝術研究所呂理煌副教授帶領的「建築繁殖場」團隊，以及八位由政大志工同學組成的「建築特攻隊」從無到有、共同打造出羅馬廣場上飛機造型的「城市絮語二號」、「果凍光椅」，大勇樓外西端點樓梯上的「果凍光牆」，以及藝文中心旁的「水岸實驗劇場」。才過一個夏天，就為政大校園注入了全新的生命力與可能性。

呂理煌以「下棋」比喻建築藝術，透過空間設計，能讓人與空間產生互動與情感。也因此，作品能否讓人對空間產生「流連忘返」的心情，也是重要的標準。

「建築繁殖場」團隊第十四代成員的蘇峻毅觀察，政大校園建築物和道路密度雖然高，卻有許多具備開發潛力的空間，像是羅馬廣場、河堤邊和校園中的樹林，加入建築藝術的元素「城市絮語二號」和「果凍光椅」後，開始有同學聚集在附近，聊天休息或是拍攝影片，這些改變令他感到相當興奮。形狀像一架飛機的「城市絮語二號」，不單只是本地師生和社區民眾，也吸引了外籍同學的注意。

來自日本青山學院大學的交換生鈴木彩表示，日本的大學校園裡沒有建築藝術，一開始在羅馬廣場看到城市絮語二號時，覺得真是一個「奇怪的藝術品」。但新學期開始後，竟然「越看越習慣」，如今不但成為學生們喜愛休息的地方，鈴木彩發現城市絮語二號也能很自然地融合入周圍的環境。

從日本關西學院大學到政大交換的小南優紀曾坐在果凍光椅吃飯，「周圍長很多草，本來擔心有蚊蟲，沒想到『完全沒這問題』。」現在，只要是晴天的日子，都會看到同學和民眾聚集在附近，因為一點小改變，讓人更願意親近並在校園裡停留。

呂理煌以「下棋」比喻建築藝術，透過空間設計，
能讓人與空間產生互動與情感。

因服貿協議而引發的三一八學運更讓整修後的羅馬廣場發揮意想不到的功能，學運期間每天中午或傍晚，由同學自發邀請來自各個學院的老師在此開講，正中午在羅馬廣場頂著大太陽闡述各自的主張、宣揚各自的理念，激情中又不失理性，自由開放的空間中釋放出充滿理想的熱情，形成校園中最寶貴也最值得珍惜的畫面。

也是因為有「建築繁殖場」在藝文中心所搭建的「水岸實驗劇場」，民國一〇二年歲末才有了第一次在政大校園內舉辦的「水岸跨年音樂會」，同學與社區住戶不用跑到臺北市政府廣場前跨年，在這裡，臨著水岸，眺望一〇一大樓，佐音樂相伴，增添幾分悠閒，這場活動舉辦的意義在於政大的美感教育與環境營造相輔相成，可說是「魚幫水，水幫魚」，彼此密不可分。

駐校藝術家，與藝術家一同在校園學習

每一年的駐校藝術家都有自己獨特的特質，每個人的風格也不同，政大會花一、兩個月的宣傳期向同學和民眾介紹藝術家的背景和創作，甚至也會安排一系列的講座和表演活動。「美感教育」其實就是因欣賞、投入、互動而與藝術產生共鳴，進而有進一步的行動，變得與過去的自己不同。不只是在課堂上認識基本知識和名詞，而是在生活中實踐，這才是「美感教育」的重要之處。

「駐校藝術家」活動孕育出的正面能量，讓活動本身成為最好的教育。這個能量使同學產生很大的啟發，刺激同學去創作、往藝文方面做更深的發展和學習。

像是為了慶祝政大建校八十週年，民國九十六年政大邀請NSO國家交響樂團駐校，這是政大第一次邀請職業交響樂團擔任駐校藝術家，NSO多位首席更親自現身政大管絃樂社團，為同學示範與指導演奏的技巧。

第八屆駐校藝術家「風靡政大戲劇節」活動，李國修帶著屏風表演班進駐政大整整一個月，在校園裡演出五十八場，也是破紀錄的演出。令人感嘆又不捨的是，在當時駐校開幕記者會上幽默說「你的過去，我來不及參與；你的未來，一定有我」的李國修於二〇一二年病逝，但這位藝術家帶給觀眾的感動就如同那雙典藏在校史館的屏風戲靴一樣，將永遠留在政大人的心中。

第九屆主題是崑曲和歌仔戲兩項傳統藝術，駐校藝術家則同時請到作家白先勇與「台灣第一苦旦」的歌仔戲國寶廖瓊枝，展現「薪傳傳心」的精神。

在九屆之前的駐校藝術家，邀請的都是大師駐校，第十屆駐校藝術家「青年愛創作」活動，第一次沒有邀請藝術家，而是讓政大的同學演了一齣音樂劇《麥田花》，展現政大人所累積的創作能量。那一年政大的同學自己寫劇本、編歌曲、填歌詞，從編劇到舞台製作，以及服裝和門票銷售，全由同學一手包辦，說明了政大的同學不是只會唸書，在美感教育的薰陶之下，有能力從事藝術、音樂和戲劇方面的創作，並登上舞台表演。

當時還有一段插曲，想參與《麥田花》音樂劇的同學非常多，有不少同學沒通過甄選。沒通過甄選的同學，竟然合作演了另一齣音樂劇《賣苦瓜》與《麥田花》打對台。吳思華覺得這是個好現象，代表政大是個有創造力的學校，不管同學在當下有沒有被接納，都能維持繼續創造的動力，找到志同道合的人一同努力。

第十一屆駐校藝術家活動「咱的時代咱的歌」，邀請的也不是藝術家，而是以「臺語流行音樂」為主角，以臺灣的歌謠唱出寶島的故事，藉由臺語歌謠探討臺灣社會百年來的變遷，以及臺語流行音樂的未來。

第十二駐校藝術家則是李泰祥。藝文中心當時拍了一支短片，影片中共有四十五位政大教職員接

駐校藝術家，吳念真。

駐校藝術家，李泰祥。

駐校藝術家，李國修。

駐校藝術家，廖瓊枝。

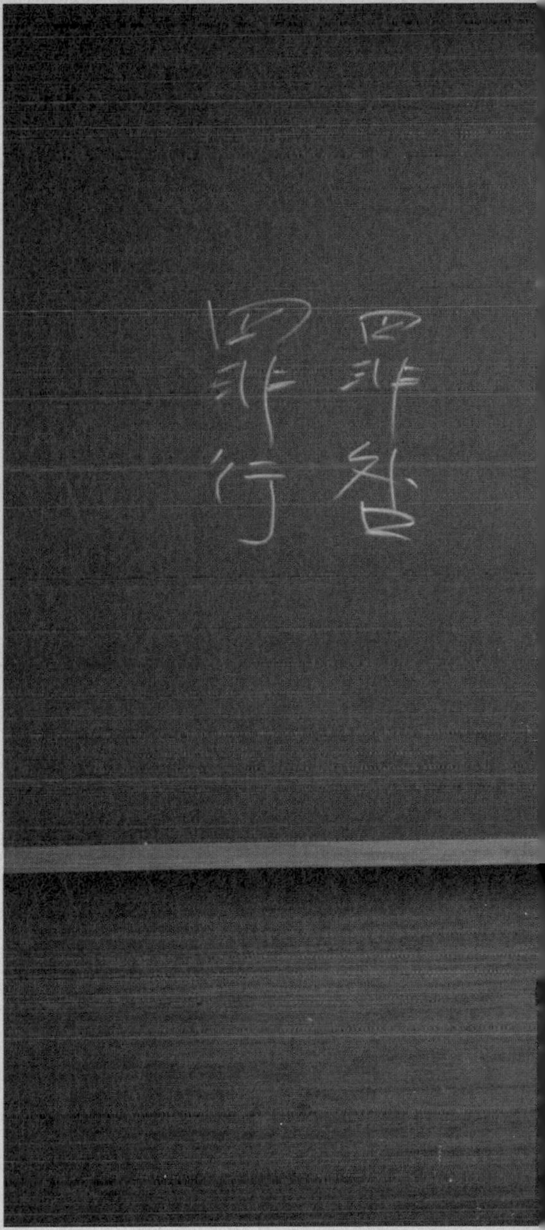

大學部的同學在政大待四年，就會經歷四位不同風格的駐校藝術家，這本身就是一個最好的美感教育。

力唱李泰祥的代表作——〈一條日光大道〉——引起廣大迴響；那次的活動也是他唯一一次走到校園裡，跟學生有互動的場合。雖然他當時身體已經非常不好，連外出都非常困難，但仍然願意到場。當他坐著輪椅進入會場時，聽到自己的音樂響起時，他雙手遮住臉，忍不住落淚了。全場師生更為他那份「熱愛音樂，尊重生命」的熱情感動不已。雖然李泰祥在一〇三年辭世，但是他生命與熱情所譜出的動人旋律，將永遠傳唱下去。

第十三屆駐校藝術家吳念真創辦了「吳念真私塾」，每周一堂課，對劇本和小說創作有興趣和熱忱的同學可以透過甄選成為「塾生」，讓吳念真親自修改劇本、在創作方面給予同學建議，吳念真還打趣當時不應該收那麼多學生，還要犧牲假期在飛機上讀甄選者的稿件，但他驚嘆「政大師生的創作水準很高，簡直是來踢館的」。

第十四屆駐校藝術家再次邀請民國九十年第一屆駐校藝術家的新聞系校友林懷民和雲門舞集回到政大，是「駐校藝術家」活動創辦以來，首位兩度擔任駐校藝術家的例子。除了現代舞講座、沙龍、舞蹈演出、與電影展之外，還有卅二位同學錄取「雲門 2 舞蹈創作工作坊」，結識同樣熱愛舞蹈的夥伴，並接受專業的舞蹈特訓。

大學部的同學在政大待四年，就會經歷四位不同風格的駐校藝術家，這本身就是一個最好的美感教育。透過「駐校藝術家」的活動，讓同學有機會接觸到不同的藝術家，從中吸收養分，並內化成自己的能量。

生活的全人

博雅教育不僅培養學生在思考上觀照全面，更希望學生在言行舉止、日常生活中能夠自然流露出宏觀、自信而優雅的氣質。因此，除了延續具有旺盛生命力的社團活動之外，政大還嘗試推動「書院教育」、「團膳」與「服務學習」等工作，讓博雅教育在宿舍、餐廳、社區等場域自然地展開。我們也精心設計「超政新生營」與「畢業典禮」活動，希望同學們能「慎始」、「慎終」，從成為大一新鮮人那一天，一直到踏出校門的那一刻，體驗政大人專屬的大學生活篇章。

◆團隊精神

超政是加入政大的起點

打破以往新生訓練都是枯燥無味的訓話印象，九十八學年的政大新生，分兩梯次參加「超政新生定位營」，並以四年為一循環，透過趣味方式帶領新生認識校訓「親愛精誠」的精神，認識校園，學務處、教務處、心理諮商中心、外語中心等各單位資源，從校長到各院系教授陪學生認真地「玩」！

「超政」的創想最早由學務長陳彰儀、課外組組長藍美華號召發起，中山所彭立忠副教授著手設計規畫，九十六年夏天，招收「超政一班」學員兩梯次共三百餘人，以「哈利波特」為主題，五天四夜接觸時間管理、理財、戀愛及人際關係、創意激盪等思維點化，博得新生滿堂喝彩。隔年第二屆以當紅「奧運」為主題，邀請創意大師吳靜吉教授、傳播學院院長鍾蔚文教授、教育學院院長詹志禹教授及創意實驗室陳文玲教授等加入團隊，新生從活動中學習結合自我認識及潛能發掘、瞭解政大的過去及現在、創意想像及實踐、開拓國際視野等四大主軸。

經過兩年測試，九十八年正式結合新生訓練，不再採自由報名參加，而成為所有大一新鮮人都要參與的新生活動，幾百人的規格一躍為「上千人」的組織動員了，政大人的故事從暑假開啟，老師與學長姊懷著傳承使命，帶領大一新生從創意學習、住宿學習、全人教育中感受大學教育的目標。就如「超政新生定位營」的營歌歌詞：「我將努力成為一個追求真理、完善自我、服務人群的人。我將誠實地探究學識，培養獨立思考的能力，我會認真生活，對自己的所作所為負起完全責任……。」聽著新鮮人齊唱這有如誓言的歌詞，是相當令人動容的。

幕前創意十足、熱鬧非凡的超政，是幕後同仁全心全意的付出，歷經近百位工作人員在經費、人力都有限的情況下，要同時準備好四維堂、教室等可容納住宿、活動場地，讓「超政人」流暢遷徙，還要傾力支援學生的創想動能，一起用青春汗水寫下完美的超政傳奇。工作人員余政和回憶那一個又一個為了籌畫活動熬夜加班，東倒西歪睡在書院辦公室的日子；營隊結束之後，一群工作人員在當時還未拆掉的山上籃球場圍成一圈躺下，一起看星星，有時已經開始想像明年的超政要如何規劃舉辦了。

指南山下的包種茶節

「創造一個專屬於政大而廣受矚目的節日」是包種茶節發想的起點。民國九十年，主任秘書關尚仁帶著團隊思索「什麼意象可以貼切代表政大？」最後找到了這一品木柵特產的「包種茶」。包種茶節的目的是要讓高中生實際進入政大校園，探索喜歡的科系，取名包種等於「包中」的吉祥諧音，為高中生打氣。

曾經參與包種茶節發想的秘書室同仁回憶，在定名之後，初成草創的包種茶節就這麼在還未鋪成紅磚的水泥四維道上開始，各科系自由發揮想像，妝扮起自己的攤位，開始練習主動向人宣說自己是如何愛上自己的科系。四維堂前，有穿著古典中國服的「引水人」，引導高中生以包種茶祭拜孔子，並在祈願卡上寫下心目中的理想科系，再懸於包種茶樹上。隔年，再從祈願卡中挑出「夢想成真」考取心目中理想科系的學子，擔任新一屆的典禮敬獻官，帶領下一屆的高中生虔誠祈願，承傳堅定追夢的勇敢能量。

景美女中校長林麗華與中山女中校長楊世瑞參觀包種茶節多年，肯定政大每年提供豐富的資源，輔導同學選系選校，包種茶節更是用心安排行程，事前行政聯繫貼心周到；政大教育研究所畢業的北一女校長張碧娟，帶領同學們來母校參加包種茶節，期許將最優秀的學生引進政大，政大再將一流人才送出去。高中校長一致讚許：「從小細節知道政大的好」，包種茶節參訪學校與人數年年增加，一〇二年共達五十四所高中三千三百多人造訪。

在這個專屬於高中學生的包種茶節日，是政大各科系展現創意與學習成果的舞台，透過靜態文宣介紹，以及各種動態的表演與遊戲，還有老師親自坐鎮，與高中生面對面接觸，校長吳思華更是每年舉棒敲響開運鑼，揭起序幕，歡迎大家來政大走走，日後加入政大，成為學校一份子。年復一年，一波又一波高中學子湧入指南山城，學識傳承的種子在學術園地一點一滴萌芽、成長。高中學子透過自己的雙眼，看見學長姊精彩的演說，看見社團光芒四射的展演，眼睛發亮，想像自己考上大學之後的情景。

秋高氣爽的十一月天，如果你在政大遇見埃及豔后、十八銅人、羅馬戰士、蒙古勇士請別太過驚慌，在政大包種茶節，總有意想不到的「人物」到場祝賀，宛如一場盛大的校園嘉年華。

政大人作每一件事情，都是全心全力的付出，打造超「正」的自我。

創意啦啦隊

啦啦隊錦標賽一直是每年校慶運動會中充滿創意，又吸睛的競賽之一，為了場上的五分鐘完美表現，每年下半學期，同學們便開始在操場緊鑼密鼓練習，以不斷創新的疊羅漢、拋投、翻騰等技巧，搭配各種意想不到的隊型，令人驚嘆，但也具有些微的危險性，為了保障同學的安全，並讓同學充分展現他們的創意，從九十六學年度，第八十一週年校慶開始，換上新名「創意啦啦隊錦標」，更名符其實。

啦啦隊比賽的高技術性技巧、動作編創、舞蹈訓練、服裝與道具製作，並非易事，因此，比賽轉型的初期，學校曾聘請具訓練及評審經驗的實踐大學楊綺儷教授擔任「創意啦啦隊研習」講師；在比賽期初，另規畫一系列講習與賽前會議，一方面說明比賽辦法，另一方面聽取同學的意見，改善比賽細節，讓同學們有更好的練習品質與表現。

不負眾望，同學們的演出，年年獲得如雷掌聲，一〇一學年，會計系以古早味的劇情與古裝扮相，演繹臺灣先民飄洋過海，奪下八十五校慶啦啦隊冠軍；一〇二學年，財政系以俏皮的小學生裝扮，搭配江蕙台語歌「甲你攬牢牢」與兒歌，詮釋媽媽的偉大，拔得頭籌；一〇三學年，地政學系以「食尚玩家暢遊木柵」為主題，融合纜車、熊貓、財神爺等道具，展現木柵的招牌景點，未參賽的同學也自備口號表，組成加油團幫忙壯大聲勢，成功獲得冠軍獎盃。

充滿力量的動作，與響徹天際的吶喊，「創意啦啦隊錦標」無疑是政大校園運動文化最夯的代表，是榮耀，更是傳承，在自我要求與團隊意志下，無論輸贏，每滴失落與歡欣的淚水都藏有「啦啦戰士」們的青春回憶。

書院教育

翻開中西教育的文獻，遠自從孔子與弟子「盍各言爾志」的生活相處，自在對話，到朱熹白鹿洞書院師生於山林溪澗之間學、問、思、辨，共同坐臥生活，是為書院的悠久傳統，在西方世界亦有希臘三哲，群學圍繞在學苑的講學論辯形象……在在透露教育本不限於教室，教師所在即為教室，師生所在即為學校，更多的身教、境教濡染於生活之中。

政大書院就從這樣的概念出發，營造充滿創意激發與主動學習的環境，從民國九十七年展開曲折精彩的大膽實驗，一百年正式揭牌成立，由林從一、鍾昆原、藍美華，先後擔任書院執行長，架構包括針對大一新生的「新生書院」，以及由大二以上自由申請的「主題書院」，目前已有博雅書院、國際發展書院、X書院三個主題書院，未來將陸續規畫開設，最終的理想是將學士班全部納入書院體系，建立書院、學院雙聯制度，讓每個政大學生除了隸屬於學院之外，也同時是書院的院生。

新生書院是書院教育的第一步，透過住宿、生活、學習與小班制教學環境，設有書院總導師、宿舍總導師、書院導師與書院助理輔導員，一〇二年更由校長吳思華發出邀請函，邀請優秀校友與熱心的退休老師擔任生涯導師，共同強化輔導體系，進行個別化指導，期許來到政大的學生至少有一年不分院系、共同學習的住宿經驗，親炙傑出校友與師長的生命智慧與態度，更認識學校的各種學習資源，助於品格陶冶，人生目標的探索。

書院內也設有中文寫作中心，透過不同系所研究生擔任中文寫作輔導員，提供新生中文寫作能力訓練課程與協助，也提供課業、升學與就業的中文寫作諮詢服務，這也是新生書院輔導體系的一環。

主題書院則是大二以上學生自主申請，一群理念相合的同學聚合在一起，產生不少出乎意料之外的能量迸射。首先登場的是博雅書院。總導師錢致榕強調，博雅書院以胸襟之廣「博」知識、胸襟與視野，高「雅」品味與態度為自我要求，期待培育博雅創新的政大人，推動優質的「書院通識」課程。不採單向講授，而視學生為計劃的執行夥伴，採取行動導向與問題解決的學習方式，透過反思討論，培養學生自主學習的能力。

進入博雅書院有三個不斷思考的大哉問：我是誰？我從哪裡來？我到哪裡去？將此三問置於任何課程與行動，博雅人要時時自問：課程目的是甚麼？想得到什麼？如何得到？院生不自限於專業學科，自設研究論題，在老師的指導之下嘗試分析在地議題，透過兩年廿學分，從中培養公民素養，已發表的學生論文主題多元，例如「我國生育津貼對生育率的影響」（林妏蓁）、「何以盛極一時bbs沒落」（游惠評）、「政大學生餐廳改善計畫」（田欣玄等五位，拱心石計畫）等，都是博雅書院培育人才的初步結果；如何讓院生更成為互動有機體，有效促成交流也是博雅書院不斷嘗試的實際課題。

第二個主題書院是國際發展書院，由季淳教授擔任總導師，著重「國際視野」涵養，透過三門必修課：「國際發展與臺灣」培養基礎知識、「國際發展論壇」採取行動導向授課方式，「世界探險隊」則嘗試一對一以及沒有固定教室的授課方式，培養學生國際基本知識、在地行動能力與跨文化的學習能力。

儘管書院教育受限於制度或財務資源，加上國際發展書院的院名讓部分同學誤以為會有出國歷練的機會與補助，導致招生名額逐年下降，但是全院性的專案活動，例如遊中學的「城市小旅行」、分享旅外生涯美好滋味的「宿舍私房菜」、從不同面向探討世界樣貌的「小世界專題」，以及將世界知名媒體創新平臺TED引進課程，讓師生共同分享好想法，吸引許多師生加入……，這些都是國際發展書院在充滿高度實驗性的教育創新計畫下發展出的課程。

另一個主題書院為X書院，前身是陳文玲老師的「政大創意學程」，由她與第四屆學程同學一起決定X書院名稱，在數學裡，「X」代表未知，在書院裡面，「X」則充分宣示了這個書院不設限、接納包容各種創想的理念，體現年輕世代對於大學教育形式、內涵和取徑的反思。

X書院位於藝文中心三樓，把原有銜接樓與樓的閒置空間轉換為六間工作室、木地板展演平台和開放式的創意廚房，從這些空間裡面發展出來的課程，就是一個個實踐賦權教育理念的範例，在廚房裡面製作麵包與烹煮咖啡中，找到生與師、人與空間、創意思考與專業知識共構的學習

X書院

書院教育不斷實驗與實踐，老師與學生的生命經驗相互碰撞，沒有設限。

途徑。

「空間」用以實驗賦權，「未來」用以實踐想像，X書院在實踐與練習的過程中，預期讓學生從企劃書、作品集、出版品與證照等證明自己具備就業力、創業力與美學力；期待透過X書院為政大找到兼顧傳統與在地特色的文化品牌定位，更期待能夠翻轉社會對大學的印象與態度，大學不只是知識殿堂或拿文憑的場域，還是一個「在這裡，甚麼都可以發生」的地方。

由於政大校地座落文山區，離市中心較遠，山上的生活機能與交通更不方便，但換個角度想，如此「鬧中取靜」的生活空間恰恰為書院教育提供了一個相對寧靜而能自給自足的環境。

於是，書院的藍圖想像一開始便規畫於山上，結合藝文中心及山上住宿區做為學習及生活的據點，書院辦公室在一〇一年更由藝文中心搬遷至自強十舍。設置安九食堂、搭建楓香步道、密集公車班次，讓山上宿舍區更便利。山居學習中心結合藝文中心的舜文大講堂、創意實驗室、博雅書房、多功能教室，讓學習環境多元而自在，希冀經過逐步擴充、完足山上生活圈的建置，讓政大的孩子成為名副其實的「山胞」、「居民」。

讓教育回歸純然的生活。怎麼召集，怎麼留白，不只是中西共同的智慧，也是書院制度不斷追尋叩問的歷程。原本與書院結合的一百年「超政新生創意定位營」納入新生書院必修一學分，自一〇一年起又取消，新生書院不再強制，通識課程實驗也開放了彈性，書院漸漸形成傳統，自然成為政大教育的一部分。參與國發書院的英文系王泓鈞說，理想太大，一開始的熱情很大很旺；但這是一個期待從本質體制、價值觀上的扭轉過程，工程艱鉅、時間太匆忙，不少東西還沒有到位。但哪一種圓滿不需要琢磨？

書院教育不斷實驗與實踐，老師與學生的生命經驗相互碰撞，不設限，更容易遇見與整合，更容易一起激盪、作夢、開創。也更容易合力尋得教育資源。例如，設立中文寫作中心，舉辦「中文讀享夜」，並結合政大既有的語言學習優勢，提供更多語言學習機會。「書院導師之夜」邀請講者，提供學生視野、啟發學生思考，劇場演員金士傑、作家吳若權都曾蒞臨座談。書院記者、輔導員資源整合，開創各種課室報告之外的練習機會，和書院清潔阿姨聊天、為同學做飯、煮咖啡的山居歲月，也是一種學習，在此引用金耀基教授的一段話，為書院教育作一段註腳：

> 劍橋的教育，不像西洋油畫，畫得滿滿的；反倒像中國的文人畫：有有筆之筆，有無筆之筆。真正的趣致，還在那片空白。空白可以詠詩，可以飛墨，可以任想像馳遊，當然也可以是一片無意義的白。劍橋不把三年的課程填得滿滿的，一年三學期，每學期只有九個星期，它使學生有足夠的時間去想、去涵泳、去自我尋覓。
>
> ——改寫自金耀基《劍橋語絲》

團膳

晚餐時刻，是人群竟日忙碌之後歇息停佇的生活逗點。書院生懷著一整天飽滿的課堂、生活見聞回到政大山居，藉著「同居」之便，何妨一起來個晚餐？

透過「一起吃飯」聚合書院裡各有個性、各有故事、各有專業的學生，透過晚餐時刻不預設、非正式的群組對話，自然而然生活連結、生命碰撞。從這般浪漫想像出發，政大各個書院逐步發展出各具特色的「團膳」風氣。

自強十舍落成之後，大一新生有了渡假村一般的庭園生活空間，「回家」再毋需自限於寢室之內，寬闊的草坪、朗亮的自修室延展了書院生對於「自家」的勢力範圍，回到山上，還有許多地方坐坐聊聊。於是，書院師生開始想像，除了閱讀、喝咖啡、討論功課，大伙兒聚在「家裡」還能一起做些什麼呢？

家人聚在一起——「吃飯」豈不最天經地義了？於是，一百年與一〇一年「大一結業式」，新生書院邀請校長、老師一塊兒來新生書院用餐，沒有演講題目，沒有討論議題，大家隨興吃吃聊聊，不知不覺把今年回顧得飽滿，把明年想像得益加教人期待。

從此，飯局邀約不為節慶，辦得更家常了。透過餐券購買，書院新生隨時可以回家吃晚飯。沒有儀式、不講排場，大家一切自理，隨興找空位坐下，在學長姊的陪伴下，同桌吃喝之間，好自然地談起天、聊上話，或者隨興所至，論辯時事議題，此起彼落著原來你也在讀那本書！原來你也愛聽那首歌！嘿，你說的那個社群好像很有意思耶！好哇好哇，我介紹他給你認識！……消解房間號碼、院系科別、性別男女的侷限，在大學之大的格局之間，天寬地闊地吃起飯來。

本著「落實生活」的願景，大二以上自主選修的三個主題書院，也都自有一段關於團膳的實驗故事，分別創造出三種各自不同的特色「吃法」。

博雅書院的團膳最早。每週一晚間六點到七點，全院學生，加上老師及應邀院外師生一起「回家吃飯」。後來，書院導師也「聞香而來」，每月一次，與導生共進晚餐，師生和樂融融。

細細品味追溯才能了解，這般美好畫面走過好長一段曲折。這麼多人哪裡吃飯？菜單誰擬？飯菜誰做？如何收拾管理？……最重要的，學生活動繁忙，如何同時空出時間？如何「有效」團膳？成為博雅教育現場一個活生生的課題。

因為「一起吃」而各自造就了別開生面的風景與可能，開展更多關於「住宿」的想像。

幾經實驗研擬，終於想出配套方法：博雅書院大一課程「大學之道」安排在下午四至六時，大二課程「學思歷程」安排在晚間七至九時，透過課程安排，晚間六至七時，書院學生自然就會集結山上，一起吃飯變得順理成章。此外，書院也請學生在學期初一次買足整學期的週一晚餐券，把「一起吃飯」養成習慣。而有了週一固定人數的用餐量，店家自然也就樂意跑一趟了。於是，最初座位不足，後來準備了大圓桌。最初由高班學長姊統籌，後來學生自己搞定。最初沒有山下店家願意送餐，只能訂購便當，後來有金色漁家提供料理。

如今，團膳已然成為博雅書院文化的一部分，成為博雅教育落實於生活的一品味道。

一〇一年十月廿日晚間，國際發展書院第二屆院生心血來潮，準備了一場豐厚的晚宴。半數以上的成員第一次下廚，新手上路自是挑戰、驚奇連連，在歷經長達三個小時的出菜時間之後，蘑菇花椰菜茄汁義大利麵、香濃的玉米濃湯、以及配料豐富的焗烤吐司迷你pizza千呼萬喚始出來，只是經過漫漫長時，溫度僅僅略勝於茉莉綠茶和檸檬紅茶雙口味果凍的飯後甜點……沒差！同學親手做的怎麼樣都香！從此確立了國際發展書院不定期有同學興起做菜，眾人一起享用的團膳傳統。

至於創意多多的X書院的餵食秀，是這樣開始的……

某次X書院的陳文玲總導師向學校合作社訂購了一組三百元的有機蔬菜，正煩惱該怎麼煮，隨口問了上課的同學是否有興趣利用創意實驗室的小廚房下廚？就這樣啟動了這個以小廚房為基地，於每週必修課後由同學自行下廚，為全體書院師生烹飪出各式餐點！共同設計菜單、採購、烹調，一同洗碗盤、清理廚房，在輕鬆自然的氣氛下，團膳成為X書院最具飽足感的元素。

X書院團膳都是由學生自主發起，每學期長出不同的形式、內涵，當然，還有佳餚。歷經「廚房小精靈計畫」、「小食驗計畫」、「爸爸菜計畫」、「慢時光點心坊」到「X食堂」，團膳的模式從自己做飯自己吃、學長姊做飯給學弟妹吃，到以工換創業，逐漸發展出多元面貌。在構想上，則從供餐的基本構想，結合書院同學在閱讀、烘焙、創作、音樂、園藝等方面的興趣，延伸出更多學習計畫，X書院的團膳企畫書是這麼寫的：「做自己想做的事情，並且讓它變得有價值。」

綜而觀之，新生書院創造對話，博雅書院定期團膳，國際書院和樂一片，X書院永遠都有新鮮事兒！「吃飯」這般「皇帝大事」，在政大因為「一起吃」而各自造就了別開生面的風景與可能，開展更多關於「住宿」的想像。

◆服務學習「愛」與在地關懷行動

「服務眾人，要身正、要意誠、要有服務的精神、要有豐富的智能……，」「服務的精神」不僅被寫入政大校歌，每年在文化盃合唱比賽反覆頌唱，政大服務性社團之多、服務面向之深廣，更是從上個世紀就開始了，政大「親愛精誠」的校訓從來不只是口號。

淵源最久，指標招牌「指南服務團」成立於民國五十七年，近一甲子的歲月號召學子從政大出發，每年寒暑假上山下海深入偏鄉進行服務；另一指標性社團「愛愛會」成立於民國六十年退出聯合國的悲情歲月，本著愛國之心實踐青年使命，更著重定點服務與日常耕耘，愛愛會零三乘風營副隊長社會系黃詩涵相信，儘管每個人的力量如此渺小而微不足道，但只要眾人聚匯，終能點亮小小角落的小小希望。

其後成立的服務性社團，對象更聚焦，訴求更深化，如民族服務社深度走訪部落，民服社一〇二年暑假營隊副隊財政系陳育萱驚嘆：「原本抱持著雄心壯志要來『幫助』他們，但說實在的，內心受到的衝擊和收穫真的遠遠大於所想像的。」透過更親身實地的文化踏察，而真心感受部落、尊重部落、欣賞部落。至於「尊重生命社」則為流浪動物奔走，以行動推展生命關懷訴求。他們的目標是「希望未來有一天，『流浪動物』成為歷史課本上的專有名詞」」一〇一學年社長法律系王柔涵的理念很宏闊，也很踏實：「只要有一個生命會因為我們的努力而改變未來，只要有一個人願意因為我們的宣導改變錯誤的觀念，那麼我們就會繼續努力。」

至於「法律服務社」則著重以科系所學的專業知識提供服務，將法律資源帶到需求之處；「創意知識服務網／IC部落社」以「網路」取代馬路，提供網路學習資源，提供偏鄉孩童更穩定而持續的學習陪伴，帶給孩子長久的精神支持。

政大人透過社團方式，自主尋找自己關注的議題進行關懷與行動，年復一年積累可觀成果，許多社團獲得社會肯定，包括總統府「傑青獎」、社會志工類第一名等等讚譽表揚。

如同學務長林月雲所言：「做事，比做學問更難。」服務不僅是做義工，也是歷練自己的機會，要走出校園親自實踐才能改變社會，所以自九十五學年開始，服務學習教育展開新的里程，更多非服務性社團同學投入寒暑假服務營隊行列。聯誼性社團、學術性社團及體適能社團等非服務性社團同學，紛紛組成返鄉服務隊及偏鄉服務隊，還有外藉生也與本地生一起參與服務。九十八年聽障奧運志工，發揮政大外語能力優勢，站在賽事最前線擔任雙邊翻譯員，也是國民外交的最佳代表。

從服務性社團到服務學習課程，從愛國使命到志工理念，一代代的政大人分別以其自適的方式參與、投入服務行動，主動走出校園，看見社會、看見世界，發揮內心關懷，產生知識和力量。

走在偏鄉、原村、日常社區或國際海外的服務路上的政大人，透過實踐讓更多人知道，在政大，「親愛精誠」一直都是時代脈動中的理想進行式。

愛愛會長青營。

拿著號碼牌等候捐血的政大同學。

在博雅書房佈展的澳籍藝術家 Jayne Dyer。

參加聽障奧運翻譯工作的志工同學。

國際志工社——
愛在泰北，夢想起飛。

「做事，比做學問更難。」服務不僅是做義工，也是歷練自己的機會，要走出校園親自實踐才能改變社會，

國際志工，走向世界

「國際志工社」於民國九十六年成立，政大服務性社團邁向國際化的里程碑。當時的學生李怡盈自海外服務歸來，有感於學校國際服務資訊平臺仍有所不足，於是集合了有志一同的同學成立國際志工社，用意在於提供本地學生和境外生一個服務交流的平臺，並藉由國際服務來拓展國際視野、培養對於社會的關心以及服務的熱忱。

「國際志工社」海外服務之足跡到過印尼、泰北、四川、青海及柬埔寨，以「立足本地，放眼全球」（Think Global ,Act Local）為訴求。走向世界，看見差異，體認所謂「同理」，並在不斷回顧、瞻望的過程中肯定自身擁有改變世界的能力。

政大課外活動組自九十四年起開始補助學生參與國際活動，第一年僅三人提出申請，至一〇二年補助人數達一百八十八人，成長數字可反映近年來學生走到國際的熱誠。

課外組也自九十八年起開辦「外交部國際青年大使交流計畫」，前往邦交、非邦交國推廣中華文化，讓世界看到臺灣。政大學生因此踏上吐瓦魯、聖文森、美國、秘魯、蒙古、巴拉圭、土耳其、南非、立陶宛、拉脫維亞、愛沙尼亞、科威特、阿曼、阿根廷等國家。

自一百年起，課外組與美國科技教育協會（Education and Science Society, ESS）及美國各大學聯合漢語中心（Associated Colleges in China, ACC）連續三年合作，於中國農村小學進行教育志工服務，一百年籌組兩隊前往寧夏地區揚郎小學、頭營小學志願服務；一〇一年有三隊分別前往寧夏、貴州、雲南志願服務；一〇二年暑假，政大代表團更增加為四團，分赴貴州、雲南，湖南平江、瀏陽從事海外志願服務。

無論是擔任國際志工或出國交流，都有助於學生增廣見聞，體驗不同文化與價值，這些經歷也會在他們心中埋下種子，日後開花結果，讓他們的生命多了一些不同的色彩與可能性。

暑假到蒙古當志工的外交系王亭云同學如此寫道：「因為你不曾到過蒙古，所以你以為這裡的人都只會玩摔角；因為你不曾到過蒙古，所以你以為這裡的人只會騎馬趕羊；因為你不曾到過蒙古，所以你以為這裡荒草綿延非常落後；走出舒適圈我看到更寬更廣的世界。」

引水人，校園大使

「引水人」（Pilot）原意為引導外來船舶進港的人，憑著對港灣的熟悉，使船隻都能順利進港。政大校園參訪導覽義工團自許為「引水人」，常駐政大港灣，展臂迎接來自各地在政大靠岸停泊的旅客。他們是接待政大外賓的「主力部隊」，並擔任支援學校活動的「常備軍」。引水人的使命很單純——讓每個訪客愛上政大。

過去外賓到政大參訪，接待人員只能把大家帶去欣賞一段過時的影帶，由於內容沉悶，還得擔心外賓睡著。當時主任祕書關尚仁於是在民國九十年召募一群「敢死隊」，建構引水人的 Commitment（承諾）、Cooperation（合作）、Consistence（一致）、Communication（傳播）、Creativity（創新）5C 精神，透過學生的眼光，讓外界更認識政大的活力。

在盛大的正式場合，女生身穿一襲豔紅旗袍，男生則換上英挺大黑色唐裝，帶給賓客賓至如歸的服務，為政大建立最美麗的「學校門面」。而走下正式場合，引水人也換上輕鬆服裝，為所有「對政大感興趣的人」提供服務，每週一、六提供定時導覽，也不定期接待高中參訪團體或校友返校。第十二屆引水人團長金融系陳宗鴻說，成為引水人，首重對政大的熱情，「我們的任務就是把這份熱情傳遞出去。」在這樣的目標下，團隊規劃美姿美儀、彩妝技巧、口語表達、影像軟體應用和專業簡報製作等課程，培養成員更專業展現政大之美。第十一屆團長鄭凱元則表示，因為出任務的關係，與學校行政體系有更多的接觸，能比其他同學了解學校政策的規畫考量。

有別於一般學校的親善大使，政大引水人更講求「客製化」的體貼服務與自我挑戰。簡報、導覽沒有SOP流程——「介紹你們了解的政大」，闕尚仁強調，引水人導覽最大的特色，就是從學生認識的角度來介紹政大，所有人要自己蒐集資料、自己設計呈現方式，並考量訪客的文化背景，為每個參訪專案完全客製化「量身訂作」。

民國一〇三年引水人接待原聲合唱團小朋友，是近年造訪政大「最小」的訪客。專案引水人特別為小朋友設計了「小學生遊政大」的簡報內容，一搭一唱的逗趣對話，並融入布農族文化，成功引起小朋友對於政大的好奇與興趣。而接待畢業多年的校友學長姊，引水人則化身為引領學長姊穿越現實時空的領航人，讓久別的學長姊在時移勢異後的政大原點重新找回當年的情感聯繫。

哲學系高盈穎不諱言，準備簡報需要花很多時間，但看到臺下氣氛也被帶動，或收到校友的感謝，「比考高分還開心。」她在還沒加入引水人前，也曾經向高中學弟妹介紹政大，「但當時邊講邊發抖，」經歷引水人的磨練，讓她現在站在臺上已能展現自信。「不同於一般社團，引水人更具制度性，也更強調責任感。」陳宗鴻表示，引水人匯聚一群真心愛政大的夥伴，一同在此磨練專業與熱情，共同修習志工服務學分，儼然是一個溫馨大家庭。

一代又一代的引水人反覆誦讀記載政大各項建設沿革且隨時補充更新的《引水人寶典》，製作自己負責專案獨一無二的簡報，遇見、傳遞真實的溫暖與感動。記得那一次例行值班，為國共內戰時期老校友在註冊組檔案裡找到遲了五十年的畢業證書；記得那一次出任務導覽，在風雨走廊巧遇第五屆引水人鍾智榮已成為新娘回到政大拍婚紗；記得一〇一年校慶，陪伴落單的八十八歲校友遊覽政大兩

引水人的使命很單純——讓每個訪客愛上政大。

小時，老爺爺與引水人剛巧都是經濟系，老爺爺讀的是當年大陸的政大，引水人陪伴著一路對話，在新、舊記憶之間溫暖串連起跨越時空的政大認同。

青年大使：國際友人八方來

政大的國際化腳步中，在加強課業、生活輔導的基礎規劃之外，張師母、友伴團體、學生大使、國際青年等志工團體的加入，讓國際化不只是框架，而是富有活力的有機體。在這些團體中，一提到國際接待的相關事務時，幾乎都直指 SA，也就是「青年大使」（Student Ambassador）。

SA 原是民國八十九年時由秘書處關尚仁主任秘書規劃成立的，現在隸屬於國合處，主要職責為協助接待國際訪賓、導覽校園。參與 SA 青年大使志工團的同學都充滿熱情，積極與來臺的境外生、交換生聯繫感情、互動學習。為了讓遠來的朋友感覺到更多溫暖，以及活動更加完備，他們不時得沒日沒夜地工作、討論。但「痛苦會過去，甜美會留下」，籌辦活動的過程固然辛苦，但每一份付出都不會是徒勞無功的，汗水與淚水，同樣是成長的養分，將來都有助於參與學生擴展他們的能力與視野。

藝文中心八〇八室，是青年大使的社辦。除了鍋碗瓢盆及獎牌之外，置在櫃子裡的不只是十幾年來的文件資料，更是記憶與傳承。例如，民國九十五年的十二月出刊的「SA Post」記載著　第一屆 Olympics 的舉辦過程，儘管那次活動天候不佳，但開幕式以滑板傳遞聖火的創意，以及泥濘場地上的足球賽，體育館的籃球、羽球、躲避球活動，還有五項趣味競賽，許多照片都保留下學生大使與國際生的患難情感與燦爛笑容。

青年大使的工作份量頗耗費心力與時間，曾擔任過 SA 團長的學生 Amy 提到：「畢竟歷經一學期的辛苦，說不累是騙人的。但是，大家都在學習、在磨練，使自己更厲害、更圓融，使 SA 更團結，活動更成功」。他們的辛苦與付出確實讓政大人都看見，每年在國合處的歲末聯歡餐會中，師生們都不忘對 Olympics 活動給予勉勵與正面評價。事實上，政大的國際交流正有賴全校上下的共同努力，才能獲得今日的成就。

人與人的緊密聯繫是最珍貴的寶藏，我們希望曾經在政大這個大家庭生活過的朋友都可以油然而生一股「同進政大門，便是一家人」的情誼。就國際交流而言，政大學生與國外朋友的良好互動，將建立起雙方的友誼，並藉由 SA 這樣的社團形成一個延續的傳統，雙方的交流與互動也能走得長遠，走得有意義。

◆創新實作

電子火炬．天燈傳情

「什麼？大學生還參加畢業典禮？太遜了吧！」早年，這是一部分大學生的另類「畢業」思維，畢竟，「傳統」的畢業典禮確實有其不甚吸引人的地方。自從民國九十六年夏天理學院陳良弼院長突發奇想，在全政大最老的果夫樓與志希樓之間為理學院畢業生辦了一場專屬於理學院自己的撥穗典禮。「讓畢業典禮更有感覺」的訴求想像與創意實踐便接連在政大蔓延。九十七年起，學務處課外活動組開始「實驗」畢業典禮的各種新可能，一連串儀典方式的調整，牽連著政大對於「畢業」更體貼而深刻的想像。

其間包括各院系師長為每個畢業生一一撥穗；「優秀學生頒獎」改在典禮之前舉「優秀畢業生頒獎晚宴」；九十八學年度起「畢業生五項傑出表現榮譽彩帶」頒發；九十九學年度起開國內大學先河，在大禮堂架起大型 LED 螢幕，以三機錄影現場實況轉播，讓在場四千位觀禮者更容易同步感受現場氣氛，一〇一年的「電子火炬．天燈傳情」首度登場，觀眾莫不驚呼讚嘆。

畢業典禮上，「薪火相傳」是政大多年以來的傳統，由校長師長燭火傳遞使命與希望，熒熒燭光於會場點點亮起，眾人齊唱驪歌離場的畫面是許多政大人的共同回憶。但在人群擁擠的室內空間點火，加上一百年新修訂的消防法明訂不得於公共場所使用產生火焰、火花或火星等方式進行表演，於是政大的師生團隊不得不打消念頭，開始集思尋求解決方案。

「薪火相傳」進化專案由學務長朱美麗與傳播學院黃心健，帶領數位內容碩士學程曾怡甄、程政康和任偉強三位研究生組成的「A Team」團隊研發策畫，前後耗時三個多月，終於鑽研出結合傳統思維與最新科技技術的升級方案，為政大畢業典禮的「薪火相傳」儀式進化提升為創意美麗的奇幻新局。

數位技術創作團隊曾怡甄回憶，計畫發想之初，大家很長一段時間陷在「薪火傳遞」的概念泥淖跨不出去，大家找來各種不同形式的蠟燭做為數位化模形，並設想過掃描照片彼此傳送等等創意，直到黃心健老師「好像缺了點讓人感動投入的故事性」一語道破，創意轉從「感動、投入、驚呼」的面向激盪，最後終於產出「天燈」的構想。

主題確定後，便進入專業程式撰寫與視覺設計階段，每個天燈停留多久？上面寫多少字最合適快速閱讀？飛走隱去的曲線如何安排最自然？水岸夜空容納多少天燈之後會當機？該怎麼克服？……一場感動人心的場面背後，需要理性評估與嚴謹演算。曾怡甄表示，畢業典禮場地體育館太搶手，團隊直到前一天預演才有機會到現場測試，可想而知又是一場天昏地暗、高潮迭起的問題解決：輸入輸出格式衝突、色彩放映出現色差……時間緊迫，步步驚心！

一〇二年畢業典禮最後，校長引領執炬代表至典禮舞臺中央高舉火炬，齊力點燃「薪火相傳夢想啟航」的虛擬主題天燈，大螢幕隨之幻化為政大水岸夜景，畢業生紛紛透過手機簡訊傳遞心願，每個溫暖情意都化做一盞天燈，在政大人專屬的奇幻空間升起。簡訊投射在會場的大螢幕上，有的誠心感謝，有的發下宏願、有的趁機求婚，……畢業時刻紛雜著喜樂、感傷、愉悅的種種激動之情溢於言表，所有的人一時恍若遁入奇幻時空之中。

跳脫行禮如儀的傳統排場，注入新思維、新元素，政大畢業典禮在全新定調之後，每一個畢業生都是主角，每位觀眾都能參與。而 A Team 這回天馬行空創想、嚴謹專業實作的天燈傳情，又開創了政大人對於「畢業典禮」的全新想像。

畢業典禮已經成為政大人樂於參加的傳統之一，但更重要的是，這場畢業天燈的盛況代表的是行政系統勇於改變，勇於將夢想付諸實現。

薪火相傳，畢業天燈。

思華 On Call

這幾年的政大包種茶節，總有許多年輕學子與家長前來參觀，此起彼落的交談聲，隱隱然勾勒出他們對於政大的想像，同時也可以看見他們對未來大學生活的規劃。我最常聽到青少年提到的，莫過於這些話：政大有好多外國人！有很多機會練習語言，認識國外的朋友。出國進修更容易了！因此每當有人問我，為什麼在國內的大學中，政大國際化的色彩特別明顯：不僅與許多國際知名的大學締結為姊妹校，在校園裡，隨時可見成群的外籍學生來來往往，外語的學習環境良好、課程豐富多元等等，我總會告訴他們：因為政大的基因裡就有國際化的元素。早在民國五十三年，政大即締結第一所姊妹校韓國成均館大學，陸續與許多國外的大學互訂鴛盟。

政大的前身是先總統蔣介石於大陸創辦的政治學校，國民政府遷臺後，也是政府培育國家政經領袖人才的搖籃。因為學校屬性的關係，我們最早於民國四十三年在臺復校，同時設置各種稀有語言系所，和國際社會自然發生連結，在當時並獲得政府資源的挹注，商請國際上的學者來校任教，與其他國家的大學交流與接軌；其間一位美籍教授郎豪華（Howard Rusk Long）因此拍攝了木柵地區的人物與風土，出版攝影集，留下珍貴的歷史見證。郎豪華於民國四十七年擔任政大客座教授，在八個月期間拍下三千多張照片，返美後，從中挑選一百五十多張照片，並附上他對於所見風土民情之觀感，集結成冊《*The People of Mushan Life in Taiwaness Village*》）。多年後，在因緣巧合之下，由「木柵文史工作室」負責人許進財糾集文史同好翻譯，並附上今昔人物、場景的對照與說明。而政大培育出的政經人才，以及各種語言專業的人才也活躍於國際的舞臺上，世界各地都有政大人在為國家發聲、為校爭光。

近年來，面對全球化的趨勢與日趨激烈的國際競爭，臺灣的高等教育亟需找到因應之道，與國際接軌，也是刻不容緩。我很鼓勵學生來讀政大能積極接觸境外學生，參與相關的活動，出國進修，而這些正是政大的國際交流得以展開的基礎。

因此，就任校長以來，我期望政大師生多與世界各地的學校交流合作，著力於推動國際化。在制度的調整上，在行政與實務上，實有賴學校的教職員以及許多學生勞心勞力的付出。締約學校的開拓與經營就是我們共同交出的一張耀眼成績單。

另外，很重要的一點是我認為「海峽兩岸大學校長論壇」是兩岸高等教育相當重要的對話管道，也是華人世界重要的教育論壇。在當前全球化的浪潮中，無論是全球一體化與在地化課題，都面臨許多挑戰。兩岸大學校長與代表能夠齊聚一堂，正是匯流雙方教育理念、思考大學教育如何傳承文化、開創新局及走向未來的好機會。

多元包容的國際交流

◆學習場域全球化

「日不落校」：交換學生的海外遊學

由於出國交換的學生遍佈全球，現在的政大可稱為「日不落校」：每天二十四小時，從天涯至海角的校園裡，都有政大學生正在學習，呈現一幅生生不息的全球接力畫面。構成這畫面的成果，來自於政大近年不斷致力擴大國際合作交流，打響國際間的知名度，締結了許多姊妹校。一○二學年度，計有來自全球七十多個國家的學生在政大就讀，透過交換管道出國學習的政大學生，則分布在四十三個國家的兩百多所大學中，人數約五百一十六；另外，我們也與大陸高校合作，有六十多位交換生前往對岸十四所大學就讀。分布全球各地的締約學校，皆是政大人的學習場域。

最勇敢的冒險：請與世界交鋒

在政大，最勇敢的冒險名為「交換」，它將學生尋夢的旅程由學校擴展至「世界」；讓學生繳國內的學費，就可去國外求學，開拓自己的視野，體驗世界。

對於剛脫離制式教育、進入大學的新鮮人而言，最迫切的渴望應該就是改變生活的模式，以及追尋夢想。然而，多少人徹底改變過去的生活與過去的自己；無論是苦澀或甘美，都試著品嘗新鮮的滋味？

出國交換、追求生命曙光的旅途中，首先須學會擁抱、享受生命中的所有變化。「我的海外進修經驗」徵選文章入選者，外交系吳榮脩同學，引用亨利・米勒（Henry Miller）的名言：「旅行的目的地從來都不是一個地方，而是看事情的新角度。」（One's destination is never a place, but a new way of seeing things）旅行的意義不在於目的地是哪裡，而在你看到、學到甚麼——貼切點出出國交換帶給學生最重要的意義：離開了自己的舒適圈，投入異國陌生的環境，培養獨立自主、面對問題與解決問題的勇氣，大步迎向未來，與世界交鋒。

在與世界交鋒的過程中，吳同學是首批前往美國麻薩諸塞州安迪科特學院（Endicott College）的交換生，他在新生訓練的第一天就發生糗事：他誤把寫著「Half & Half」的奶精當成牛奶飲用，但也因此迅速認識新朋友，融入新團體中；在該校認識不同國度、文化的朋友，並體驗美式教學的師生互動方式；課餘並前往波士頓觀看塞爾提克隊（Celtics）及紅襪隊（Red Sox）令人熱血沸騰的籃球、棒球比賽；並至名校麻省理工學院參觀，隨教授到華盛頓參與研討會；與新朋友前往邁阿密旅行，體驗「Spring Break」；遇上尼莫風暴，差點還參與了波士頓爆炸案的那次馬拉松賽……生活充滿了新奇的體會，及不同於既往的學習方式。

經濟系黃于庭同學則前往法國波爾多管理學院（Bordeaux Management School）交換，因此她開始學習法文，旅法期間藉由打工換宿、與人交流，慢慢地增進自己的會話能力，回國後仍持續進修。在法國，她也體驗了不同文化的衝擊，例如親臉頰的打招呼方式、飲食文化的差異；並前往西北法「沙發衝浪」（Couchsurfing），到波爾多的酒莊品嚐葡萄酒及了解背後的文化。她如此描述離開舒適圈之外的生活：「沒有人幫你過你的生活，全部都是獨自面對，尤其異地生活，在不同水域之下，面對不平靜時怎麼能如以往堅強勇健無畏無懼？當你觸礁，當你遇浪，一定難受，一定難過，但是，你不在這時候變強，你要什麼時候變強壯呢？」通過交換生的經歷，我們可能重新認識了自己，重新認識那個原以為的世界，培養出更強大的自處能力，遇見和自己生長背景大不相同的知己。

離開了自己的舒適圈，投入異國陌生的環境，培養獨立自主、面對問題與解決問題的勇氣，大步迎向未來，與世界交鋒。

當然，這只是兩個例子，每一位出國交換的政大學生都會帶著許多生動的故事、體驗與學習成果回來。如果「你」也是政大人，或是未來的政大人，希望這也會是你的「故事」。

除了海外遊學之外，我們也積極營造不斷電的校園學習文化，提供各式各樣的暑期學習計畫：校內開設各類國際夏日課程，歡迎國際學生前來學習，促進國際學生與本地學生在語言及文化上的交流；學務處的海外志工服務活動，更成為同學出國學習的多元選擇之一；不僅如此，自九十六學年起，更鼓勵教師在暑假期間開設國外短期學習課程，帶隊前往柬埔寨、日本、韓國、德國、波蘭及土耳其等國學習；並和美國柏克萊、史丹佛及加拿大多倫多大學合作，選送學生前往就讀暑期班（Summer School）。

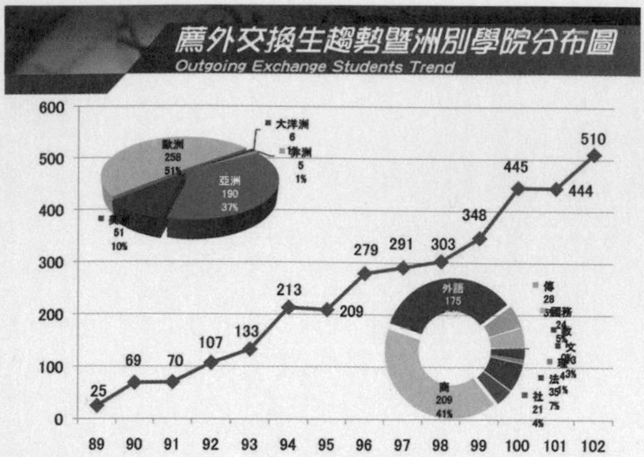

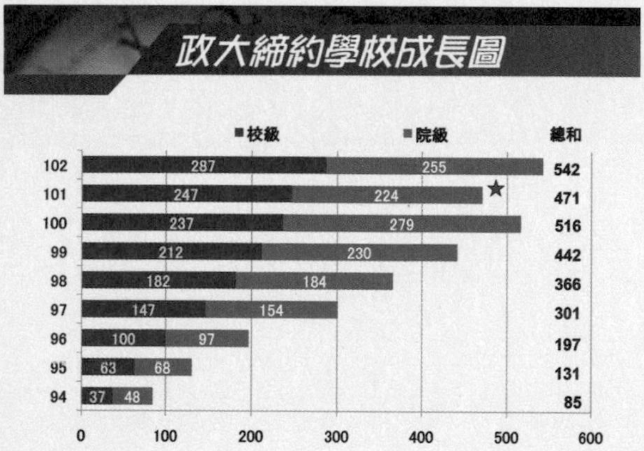

這些活動與課程，只有一個目的，讓學生的學習機會不只限於政大校園內，經驗不只限於臺灣，實際參與國際間的學習及探險，才能讓學生培養成不斷自我超越且具「國際力」的領導人才，期許將來政大培育的人才，能引領臺灣甚至世界邁向輝煌。

◆締約學校之開拓

參展與出訪，促成國際合作

在國合處的推動下，政大化被動為主動，走出校園及國門，民國九十五年起，政大成為全球三大

校院級姊妹校國際分佈圖

542所締約學校（校級與院級）的分布點

國際教育展暨年會的常態參展學校，透過教育展締約的學校，無論在質與量上都相當可觀。

除了參展之外，主動拜會各校，洽談合作、交流的重要性也不言自明，校長吳思華與國合長陳樹衡教授、學校同仁屢次組成團隊，遠赴世界各地訪問，諸如阿拉伯地區、俄羅斯暨東歐、中南美洲、歐洲、美國等，與多所優質大學成功締約。近年，與土耳其伊斯坦堡大學（Istanbul University）、俄羅斯莫斯科國立大學（Lomonosov Moscow State University）、瓜地馬拉馬洛京大學（Universidad Francisco Marroquin）、德國康斯坦茲大學（University of Konstanz）、瑞士巴塞爾大學（University of Basel）等校的合作交流協議，都是政大團隊主動拜會的成果。

透過積極的拓展，政大締約學校的數量逐年顯著成長，自民國九十五年的近一百所的姊妹校，快速成長至五百所，遍布全球五大洲。有賴於此，出國交換的學生、到政大就讀學位的國際學生人數也大幅增加。這兩年來，為了確保每個締約都有實質的交流意義，政大在續約時都進行嚴格審查，目前仍保有四百七十多所姊妹校院。

參訪姐妹校土耳其安卡拉大學畢業典禮。

◆校園國際化

境外招生擴展計畫

許多人都「曾是」、「仍是」或「將是」大學的一份子，然而在有多少人曾仔細想過大學存在意義，回答「大學是什麼」這個問題？

大學，絕不僅僅是研究與教學的機構，它必須廣納天下的英才，一同探詢真理的意義——這個真理可以是人文的，是科學的，可以是關乎全人類全世界的命題。而在這樣的理念及框架之下，越是擁有來自四面八方的學生與教師，越能激盪出不同的智慧火花。大學就該如江海納百川，對世界敞開，無論你來自何方，都是為了學習知識、探尋真理而來。正因如此，對政大而言，「境外招生擴展」不僅是教育部提倡的發展計畫，更是「大學精神」的體現。

政大向來放眼世界，與國際接軌。從民國八十九年，政大第一所全英語授課學程 IMBA 開始招生以來，不到十年，外籍學生總數已從不到五百人增加至一千多人。若加上僑生、陸生等，政大境外學生人數達一千七百人以上，平均每十個學生中，就有超過一位的國外學生。

隨著境外招生的擴展，校園風景也出現了微妙的變化：校內校外，不同膚色的學生來來往往，他們談笑風生，爽朗地跟本國學生寒喧、聊天。走到球場，你可能會看見法國學生與西班牙學生組隊打籃球；轉個彎來到圖書館，或許是一位來自非洲或美洲的學生手裡拿著一疊書，正向櫃台服務的館員交談。不少師生頻頻表示越來越喜歡現在的政大了，這個大學城來來往往的人，彷彿一幅美麗繽紛的圖畫。

大陸學生臺灣夢　兩岸青年愛互動

陳芳明教授曾在戒嚴時期被列黑名單而流亡海外，在課堂及講座上，他不只一次提及：「當陳芳明可以走進政大教書，就代表臺灣民主真的進步了。」政大，早已從一般印象中的國民黨黨校走向風氣最為自由、開放及多元的學府，除了能容納各種政治、學術立場的學人之外，政大開始招收海峽對岸的學生，也具有時代風氣轉變的指標性意義。

在國家高等教育政策及我們推動國際化願景的雙重推力下，政大於民國一百年時開始招收陸生。到一〇三年，學位生加上交換生，已有三百多位的陸生來此體驗「政大人」的生活。

為什麼前來臺灣及政大就讀？陸生的理由各自不同，但相同的是，懷著未知忐忑與期待憧憬，來到指南山下，在醉夢溪畔求學安居，將生命中最菁華的歲月交付政大，在政大生活的小日子裡，追尋自己獨一無二的臺灣夢。

大部分陸生都是初次來到臺灣，為了讓他們迅速適應學校，國際合作事務處大陸事務組的同仁總是貼心地陪伴每位同學熟悉與認識環境：安排學伴、接機入宿，並藉由新生說明會帶領同學認識政大。國合處大陸事務組劉映晨表示，隨著交換生人數的增長，如何認識每一張臉孔，並與各自的名字連在一起，成為她最大的功課；傾聽交換生分享在臺灣、在政大的收穫與成長，也成為她在工作上的一大樂事。一百多個日子雖然轉眼即逝，但她在每個過程都發覺交換生的轉變，那是一種情感，逐漸累積在他們的眼裡和心底。每學期即將結束的時候，她總喜歡對每一個交換生說：這不是結束，而是開始。

有形的事物容易感受，無形的情感與氛圍卻需要時間靜心體會。在陸生口中，身為政大人的美好都是經由很多細微之處得來的體會，例如總是昂揚又親切地問候同學的校園粉紅小巴士司機；特別關懷陸生的學習狀況、噓寒問暖的教授們；依山傍水的校園風光，讓人流連忘返、佇足讚嘆的校園小角落；滿溢各式各樣精采講座的聯合報名系統等等。這些在本地生看來稀鬆平常的地方，點點滴滴，匯成對岸學子心中一道暖流。

走出校園又是別有風光，同學們往往三五成群、飽覽臺灣美景，讓日子充滿活力與色彩，揮灑成一幅幅生動的畫面。令人印象深刻的是，也有人選擇單車上路、走「天涯一匹狼」的路線：來自中國人民大學的「小胖」就是如此，在環島的途中，他住遍了沿路的警察局、偏遠小學的教室及寺廟，帶回一身黝黑的皮膚，以及陽光、雨水與汗水交織的故事，也帶回美麗的臺灣印象與感動。

小粉紅一元公車。

一起求學、一起生活，陸生與臺生卸下彼此的刻板印象，開始相互了解、尊重與體貼。有位陸生與原本素不相識的臺灣同學一起備戰司法考試，兩個多月期間大家一同唸書、吃飯、討論法律問題，不僅增進彼此對法律的理解，亦培養出深厚的友情。他回憶道：「夥伴們知道我來自廣東，便在我回家前特地邀請我到粵式火鍋店聚餐，身在臺灣，卻嚐到了濃濃的家鄉味，他們的貼心讓我特別感動！考試雖然已經結束，但我們的友誼常在。」

當然，陸生也會面臨到一些困惑的時刻，兩岸雖然使用同樣的語言、擁有相似的文化，然而長久各自發展所造成的思想、感情上的隔閡，有時還是令大陸同學感到無奈與挫折。我們必須鼓勵同學用更寬闊、包容的心態去面對，這也是這一代兩岸學子最重要的使命，從疏離、隔閡到彼此瞭解與包容，這應是兩岸在教育、文化交流上最重要的意義。

民國一〇一年年底，來自南京大學的交換生鄢毅提出了一個點子，希望為大陸交換生、學位生的政大人生活留下紀錄；在幾位陸生的努力之下終於開花結果：《島嶼的過客：一群大陸學生後青春的臺灣遊學記憶》順利於隔年春天付梓。其實，這本書在臺出版的同時，他們的記憶及足跡已鐫刻在臺灣的土地上，不再只是過客。

「國際夏日課程」：有朋自世界來

隨著全球化的趨勢，「海外進修」已成為許多學生規劃暑期的重要選項之一，因此政大從九十八年起，每年七月至八月均由國合處開設「國際夏日課程」，讓國際學生暑假時能來此進修。我們專業的課程、豐富多元的校內外活動，以及清幽秀麗的校園環境，年年均獲境外學生極佳的口碑與迴響。更有不少國際學生因為這段美好的「充電之旅」，選擇以交換生或學位生的身份，重返政大校園。

有形的物事容易感受，無形的情感與氛圍卻需要時間靜心體會。

COLLEGE OF COMMERCE
商學院
1957
NATIONAL CHENGCHI UNIVERSITY
College of Commerc
National Chengchi U
國立政治大學

97 學年商學院交換生。

特別值得一提的是一〇二年時，由荷蘭四個政府部會、十三所研究型大學以及十七家民間企業集資的「荷蘭——亞洲榮譽暑期課程」（Netherlands-Asia Honours Summer School, NAHSS）首度納入臺灣，政大有幸獲選為其在臺合作的兩所大學之一，NAHSS 由眾多報名者中選出十五名學生前來政大。除「荷蘭——亞洲榮譽暑期課程」選拔的學生之外，團體報名的學校，還包括美國加州大學洛杉磯分校（University of California, Los Angeles）、北愛荷華大學（University of Northern Iowa）等，共計招收了來自十八個國家、近百位的國際學生，人數達到開辦以來的高峰。由於辦理成效受到肯定，一〇三年暑假政大已成為「荷蘭——亞洲榮譽暑期課程」臺灣唯一合作學校。

吳思華與國合處把每一年度的國際夏日課程視為一個契機，一次挑戰，讓課程的規畫更臻完備，以期國際學生滿載而歸、不虛此行：課程走向以東亞及臺灣為主軸，將系列講座形式的教學，提升為架構更嚴謹的授課內容，領域橫跨人文、社會及商業管理等。這一次的轉型使得國際學生來到政大不僅能學習華語文，還能修習專業學術課程，並瞭解臺灣及東亞地區的社會、政治以及經濟發展。

吳思華認為這除了是同仁用心之外，也要感謝各院所教授樂意於暑期開授課程，使得課程內容既豐富而又專業。因此，我們的課程規畫不僅獲得 NAHSS 課程委員會的認可，荷籍學生修業結束後，回到他們的母校也可抵免學分，對這些學生而言，不僅是學習與生活上的充電，又能獲得實質的回饋。

除了語言學習與專業課程之外，課外活動的安排也是國際夏日課程的一大亮點。涵蓋靜態與動態主題的文化參訪及工作坊，像是書法習作、陶藝創作、扯鈴體驗等，讓國際學生親身感受傳統中華手工藝術與童玩技藝的奧妙，許多學員都表示新鮮、有趣。由本校學生組成的學習夥伴也展現地主的熱情，連同國合處同仁，在課餘時間陪伴學員走訪大臺北地區，如故宮博物院、中正紀念堂、北海岸等等，不僅向學員介紹臺灣的風土民情，雙方也建立了深厚長遠的友誼。許多國際學生表示，在與政大師生及當地居民互動的過程中，不論是問路、搭車指引、遺失物品協尋等，都能獲得友善的指引與協助，感受到濃厚的人情味。

國際夏日課程帶給每一位學生既難忘又意義深遠的夏日時光，藉由這樣寶貴的互動機會，所有國際學生可與政大及來自世界各地不同背景的青年交流，激發多元的思考模式。

國際化與英語授課的發展

以今日來觀察政大的國際化發展，約略分成三個階段：第一階段——以外語學院為核心（民國八十九年以前）；第二階段——以商學院、社科院為核心（八十九至九十四年間）；第三階段——校院共同快速發展時期（九十五年迄今）。

以外語學院為核心的時期，締約學校雙方之學生交流與學習大都僅止於少部分以語言修讀之科系為主，人數則在一百名以內。這時學生對於英語專業課程的開設需求並不強。邁入廿一世紀，全球化的發展，促使各個學科領域須與國際接軌，勢不容緩。政大商學院及社會科學學院首先因應趨勢，部分專業課程轉以英語教授，提升學生的語言與專業學習；並且更為重視國際學生的招收，推動學生交換，強化學生國際學習以及溝通談判的能力。九十年，政大開風氣之先，成立臺灣第一個以全英語授課之「國際經營管理英語碩士學位學程」（IMBA）；緊接著，「臺灣研究英語碩士學程」（IMTS）及「中國大陸研究英語碩士學程」（IMCS）等學程陸續開設。同時，政大的國際學位生人數也逐年攀升，到達兩百五十人以上，而學生出國交換學習，也隨著締約學校的擴展開始蔚為風氣。

從九十五年至今，政大國際化的業務發展更為蓬勃，國際學位生的成長已然趨緩，交換生則大幅成長，成為境外學生持續增加的主因。六成以上的國際締約學校，都在這幾年間簽訂。

以商學院、社科院為培養國際化的專業人才，陸續規劃、開設專業英語課程。為激勵教師投入英語課程的開發，商學院率先於九十三年起訂定英語課程補助要點，開啟英語課程補助之先河。

九十五年，國合處前身的「國際教育交流中心」也訂定校級相關之專業課程英語授課補助辦法，積極整合全校資源，加速校內國際化及友善英語學習環境的建置，鼓勵大學部英語學程的設立，為全校各單位國際合約洽商與簽署打下良好基礎。一百學年度開始開設交換生英語授課學分班，滿足交換生學習上的需求。就這樣，在全校英語專業課程的支撐下，八年間交換學生人數迅速成長，範圍由商學院擴展至全校。

政大目前專業英語課程的成長已逐漸趨緩，如何創造下一波國際學生質量的成長，則為未來努力的方向。如何加速教學與行政的國際化——提供國際學生優質的課程、足夠的住宿空間以及國際化的社團；讓為數眾多的境外學生與本地學生融洽相處，以及讓他們帶來的不同視野與多元文化也成為政大的資產，以及營造國際化的友善校園，都是日後的目標。

校園國際化：政大「世界嘉年華」

國合處成立之後，為了展現校園濃厚的國際氛圍，國合處與學務處生僑組合辦「僑生文化交流週」，廣邀各國學生，引介各地美食，以「食」會友，達到文化交流的目的。民國一百年，在馬來西亞僑生楊詠心同學的引領下，這個活動轉趨多元，更名為「世界狂歡節」。除了美食展之外，還增加了藝文、歌舞、放映紀錄片等活動，促進境外生和本地生在更多面向上進行文化交流，也奠定了每年活動舉辦的規模與方向。一〇三年，更名為「世界嘉年華」。

繽紛的旗幟在五顏六色的帳棚間飄揚，穿著土耳其、韓國、日本等各國傳統服飾的人在攤位間穿梭，殷勤的叫賣聲隨處可聞，舞臺上司儀以中、英雙語介紹著每個表演團體。遊人彷彿置身異國市集，望著風情萬種的舞蹈，耳畔傳來歡愉的音樂，而四處飄著異國美食的香味，抬頭可能就看到披著鎧甲的高大歐洲戰士，或是本土文化的「特產」電音三太子。每年五月上旬有三天期間，在政大的四維道上，就能目睹政大世界嘉年華的場景。

為了讓國際學生盡情參與，世界嘉年華同時採用多種傳播媒介，例如臉書、海報、手冊以及專屬網頁，進行宣傳與活動報導，而且，它也是校內首度採雙語司儀的大型學生活動。這個活動不僅有校內的社團熱情參與，也多方邀請文山地區文化團體蒞校表演，如木柵國中的舞獅、萬興國小的舞龍、明道國小的扯鈴及電音三太子……等，不僅向國際學生介紹在地文化，也讓學校與社區的互動更為緊密。民國一〇一年的世界狂歡節，更邀請文山區公所及萬興里辦公室協力舉辦，讓活動深入社區，廣受各方好評；一〇二年外語學院也加入陣容，讓活動更形豐富。各國美食與為期三天的世界歌舞表演，每年都吸引許多校內外人士留連駐足，成為政大的另一個招牌與「節慶」。

打造國際化社區

外籍學生人數的激增，是近十年來政大校園最大的改變之一，過去的境外學生以日、韓為主，近年來，由於在歐陸各國締交的姊妹校攀升，帶動學生前來政大交換、就讀，境外學生也從過去日、韓籍學生為主的結構，演變為德、法等國「稱霸」的局面。而政大的境外學生不僅人數眾多，且來自全球七十多個國家，政大校園，彷彿一個具體而微的「聯合國」。為了提供這些遠道而來的學子一個較舒適的居住空間，及早安頓並投入於學業，因此興建了「國際學人暨學生會館」（I-house）。

民國九十九年十二月落成啟用的國際會館建設於秀明路上，緊鄰社區的國際會館，突然遷入一批

世界狂歡節每年都吸引許多校內外人士留連駐足，成為政大的另一個招牌與「節慶」。

來自世界各地的交換生；這些帶著各地不同文化與生活習慣前來政大求學的外籍生如何與在社區中居住多年的鄰里們和諧共處，就變成政大在推動國際化上面臨的最大挑戰。

國際會館坐落鄰里之間，附近居民卻因為學生產生的噪音、燈光等環境問題飽受困擾，關係顯得緊張。「他們每天半夜回來，在我們家門口下車，下車的時候嘰哩呱啦，興奮的聲音把我們從睡夢中吵醒，這樣的情形，一個禮拜出現好幾次。」住家與會館緊鄰的居民指出，國際會館與住宅區太近，嚴重干擾寧靜的生活空間。

由於一般住家與學生生活作息不同，這些初到異地他鄉求學的外籍生與本地文化落差大，彼此間的確很容易造成衝突；來自芬蘭的外籍生也提到，住宿生不准在國際會館內舉辦派對，交談也會降低音量，但晚上搭計程車回宿舍，的確會影響居民，建議校方可以對出入宿舍做進出路線的規劃。

面對附近居民接二連三反映國際會館住宿生所帶來的問題，國合處、國際會館管理公司以及社區委員會多次聯合召開協調會，針對社區居民所提出的問題，緊急進行溝通討論，希望能在最短的時間內解決問題。經過多次的會議溝通與協調，一開始發生的問題已逐漸消失，國合處現在每學期初固定舉辦住宿說明會，加強對外籍生宣導維持住宿安寧、尊重當地居民的重要性；硬體方面也加裝窗簾、管制關大燈時間等措施，降低對社區居民可能造成的干擾。實行幾年下來，已重新還給社區居民安靜的生活環境。

但學校之於社區，還是有正面影響。這些來自不同國度的學生也為社區提供了「稀少性」語言的服務，有一次，社區裡有一戶要迎娶的媳婦是捷克籍，她的父母遠道而來參加婚禮，卻不諳英語，後來在會館的協助下找來政大的捷克學生為他們翻譯，讓新娘的父母能與臺灣的親家對話溝通，促成這件美事。此後，國際會館能夠提供語言翻譯一事，便在社區傳揚開來，已經成為萬興里的一大特色。

來自全球七十多個國家，政大校園，彷彿一個具體而微的「聯合國」。

反觀政大，也希望帶給社區許多正向回饋，有助於雙方互相認識與了解。國合處秘書任怡心說：「將來是不是有可能開發一些社區有興趣有特色的活動，讓社區的民眾一起參與，讓我們的國際學生宿舍融入這個社群。」

政大在校園及周遭社區推動國際化的過程也獲得鄰里大力的協助，彼此和諧共榮，例如萬興里的謝啟峰里長不僅出錢出力，近兩年與政大共同舉辦「世界嘉年華」活動，而且為了讓境外學生體驗端午節龍舟競賽的特色，也招募他們組團集訓，每天早晚溫馨接送學生，還準備早餐與點心讓學生享用，成為這些學生心中最熱情的臺灣友人。在他的領軍下，一〇一年聯合萬興里里民與政大境外學生共同組成龍舟隊，在「新北市議長盃第二屆龍舟錦標賽」闖進決賽，奪得佳績。

由於喜愛划龍舟的學生越來越多，政大於一〇二年春季成立了龍舟社，成員大部分是境外學生。該社團的成立，不僅讓政大的學生社團增添國際化的風貌，並讓學生之間的交流由課堂擴展到社團。

另一個因境外學生加入而受惠的社團便是足球隊了。足球在歐美尤為普遍，來自世界各國的外籍生加入足球隊後，政大的足球隊儼然成了國際聯隊，球隊目前四十多位成員來自十四個國家：巴西、比利時、澳門、韓國、印尼、香港、馬來西亞、貝里斯、索羅門群島、宏都拉斯等國的生力軍，球員的國籍如此「繽紛」，光是磨合就要花很多力氣，教練林培元老師以一個「難」字總結訓練心得，「但收穫也很多」，林教練如此說道。教練不僅用心帶隊，也很照顧球員，在天寒時出賽，還會特別準備薑茶和豆漿讓大家暖暖身子，平日也會帶宵夜慰勞大家，並盡量幫足球隊爭取權益，增加球員使用場地的時間，是大家心中的好教練、好朋友。政大足球代表隊於一〇一學年度獲得一般組全國殿軍、一〇二學年更勇奪全國第一名，讓睽違四十五年之久的冠軍寶座重新回到政大。

境外學生在課業之餘加入學生社團、參與文化活動，在政大已是常態；他們的腳步踏出校園，與

政大奧運會，不分國籍，以球會友，103學年勇奪大專足球聯賽冠軍。

韓文系穿著傳統韓式服裝，演唱韓文歌曲。

國交大使新竹文化之旅。

打造國際化社區，世界嘉年華。

2010 年，海峽兩岸大學校長論壇首度在臺舉辦。

附近社區接觸交流，則開啟了全新的可能性：不僅讓社區因他們的加入變得更為熱絡，更有活力，同時也促進政大與社區之間的聯繫。

對岸校長對粉樂町的作品〈洋蔥〉十分好奇。

海峽兩岸大學校長論壇

近年來兩岸高校間的教育交流與合作，日趨緊密，各種形式的活動絡繹不絕，其中民國九十五年，中國高等教育學會、大陸教育部、福建省教育廳及廈門大學共同發起「海峽兩岸大學校長論壇」應屬最正式的兩岸高教高峰會議。前兩屆論壇分別在福州及廈門大學舉辦，第三屆移師臺北，由政大接手主辦，也是臺灣舉辦此盛會的第一次。

論壇於民國九十九年十一月四日舉辦，由林碧炤副校長所率領的工作團隊早在一年多以前便展開前置作業，舉凡論壇的討論議題、餐宴地點、接待細節、交通路線及參訪行程等，同仁均一一討論規劃，鉅細靡遺，以期營造舒適又專業的氛圍，讓來訪貴賓都能充份感受到政大人的熱誠及無微不至的安排。

第三屆以「知識與創新：全球化時代的高等教育」為題，來自兩岸五十四所重點大學、一百七十二位校長與貴賓，共同審視當前高等教育發展所遭遇的十四項重大課題與挑戰，導引出兩岸知識份子對所處環境的認知、反思與定位。大學，已不僅是培養社會專技人才、引領知識或追求真理的殿堂，因應全球化的變革，須積極承擔社會創新的使命與挑戰。而海峽兩岸的大學除推動在地特色的辦學理念外，更須傳承優良的文化傳統，通力合作，以積極開放的態度面對國際，才能在以西方學術為主流的高等教育中，走出自身的道路。

論壇舉辦之時，剛好碰上臺北富邦藝術基金會協助策畫的「粉樂町」當代藝術作品在校園展覽，它們散布於行政大樓、商學院、藝文中心等各個論壇空間，其中也包括一件政大師生暱稱為「小鹿斑比」的大型雕像。許多校長也童心大發，趁空與這些藝術作品留下生動有趣的合影，他們也很好奇、驚訝及敬佩政大雖沒有藝術科系、沒有美侖美奐的建築物，卻能透過室內空間的佈置、與民間單位的合作，使得校園裡處處洋溢著藝術與人文的氛圍。

副校長秘書鄭佳寧事後回憶說，當時預備於行政大樓前拍攝論壇的大合照，為了是否移開大門口旁的粉樂町作品「小鹿斑比」，工作小組還經過一番激烈討論，最後在多方考量下才決定留下它與來自兩岸四地的大學校長一同入鏡。她相信每一位與會校長多年後回顧這張既隆重又不失趣味的照片時，自然就會想起在政大度過兩天溫馨又藝文的時光。

一〇二年吳思華校長前往福建參與第四屆論壇時，仍有多位校長向他提及上一次政大主辦的兩岸校長論壇，體貼周到的服務與規劃讓他們十分難忘。吳思華回想起當時在會議前緊鑼密鼓的階段裡，每當離開辦公室之際，總發覺同仁仍在挑燈夜戰；雖然他們常加班到凌晨兩、三點，但白天上班時仍繼續堅守崗位，精神奕奕。大家不只把論壇當成上級交辦的一次任務，更懷著榮辱與共的心情，為學校盡心盡力。

姊妹學校學術合作躍升計劃

政大與姊妹校之間，除了簽訂學生交換之外，也有教師交流與共同研究的協議，但截至目前為止，教師方面的交流仍處於片面和零星的階段。在政大的研究強項上，期望未來能與一些具有合作空間的姊妹校深化學術交流，讓彼此的關係升級，從「交換學生」走向「學術交流」的層次。這項Partnership Enhancement Project（簡稱 PEP 計畫）就是姊妹校學術合作躍升計劃。

PEP 計畫的推動包含對內和對外聯繫兩個層次。在對內的部分，首先必須整理出政大在國際學術領域上足以自豪、能夠樹立招牌和典範的強項：中國大陸研究、區域研究、商學、傳播學、行為社會科學等等，以這些領域為核心，逐步加強學校與姊妹校互相切磋琢磨的機會。

另外也需要整理姊妹校的研究地圖。在國際知名的姊妹校中，找出他們與政大互相匹配的領域，比如漢學研究、宗教研究、兩岸研究，作為共同發展的利基。一旦平臺搭建起來，便可逐步建構校際／國際間的學術聯結關係，落實研究交流。

舉例來說，德國哥廷根大學（University of Göttingen）非常重視漢學研究，若能促成該校與政大文學院教授間的聯繫，與該校簽訂更詳細的研究協議，使得政大的教授可以在較為優渥的條件下到該校訪問，從事學術演講或是共同研究。假以時日，便可促成兩校研究團隊間的互助合作。政大的姊妹校裡專精於漢學研究者也相當多，除了哥廷根大學之外，荷蘭的萊登大學（Universiteit Leiden）也是著重漢學研究的大學，期待未來政大文學院與他們持續交流，進行三邊的合作關係。並在發展過程中，以此堅固的「三角」為基礎，陸續加入其他學校，擴展多角型態、多線交匯的合作關係；若能進而輪流主辦常態性的漢學研究會議，成為國際上的一個亮點，政大將在國際上開創更大的空間。

相同的模式也適用於其他領域。在「華人宗教中心」成立以後，宗教可望成為政大極具特色的研究領域，日後可與佛羅里達大學（University of Florida）、肯特大學（University of Kent）等在宗教研究上馳名國際的姊妹校交流，建立學術網絡；而合作的方式，最初可從學者的定點訪問、蹲點講學開始，逐漸擴大、鼓勵更多師資的加入，深化彼此的合作關係。

總而言之，在國際化的浪潮中，政大將目前研究的焦點、強項以及研究團隊逐漸匯集起來，並使各校融入國際學術合作網路中。校方十分鼓勵教師前往姊妹校，以其專業領域的學識進行訪問或演講。由此開始，讓各校教師之間彼此接觸，進而促成國際間的合作團隊。從校與校的連結，變成多校之間的網絡，這就是 PEP 計劃所要執行、達成的工作。

世界一流的專業學院

獲得國際肯定的一流專業學院

一〇三年，是政大在臺灣復校六十周年，擺在世界高等教育演進光譜來看，尚稱資淺，另一方面，政大是政府文官的搖籃，這樣的歷史猶如肩頭上的勳章，引以為傲，卻不自滿，反而更試圖在全球高教舞臺上，找到自己的定位。

在商管、傳播、法律、政府、教育、外語、國際事務等各領域持續培養出一流的人才，一直是政大的重責。國際一流的專業學院不僅要在課程上獲得國際認證、傳授給學生的專業能力要得到雇主的認可，在培育學生專業與視野上，更要以具備國際移動能力為終極目標。

以擁有全臺灣最大、最完整的政大商學院而言，一百多位師資中，高達百分之九十九以上教師擁有國內外頂尖大學的博士學歷，並建置獨步全臺的國際化平台，與國際一流大學簽定合作合約，每年提供六十門以上的英語授課課程，也設立全臺第一所全英語授課的國際經營管理碩士學位學程（IMBA），提供全英語教學環境；課堂中有一半的外籍學生與一半的本地學生，落實跨文化情境學習。

此外，政大商學院更持續獲得 AACSB 與 EQUIS 兩項國際認證（全世界只有不到百分之五的商管學院取得 AACSB 商管認證），成為國際商管學院協會的認證會員，更是臺灣第一所獲得兩大國際認證的商管學院，讓政大正式晉身歐、美、亞頂尖商學院行列。於一〇一年也獲得中華民國管理科學學會頒發華文商管學院認證。

在商管領域極具公信力的英國《金融時報》（Financial Times）全球商管學院排名調查中，政大商學院自九十七年至九十九年持續蟬聯全球第四十七名，堪稱臺灣之冠，一百年至一〇三年進步至四十一名。一〇二年八月會計系更成為台灣第一個獲得 AACSB 會計認證的系所。

此外，國際事務學院於民國九十八年成為國際事務專業學院協會（APSIA）隸屬會員。該協會致力於國際事務領域專業教育，從而促進國際互信、繁榮以及世界和平與安全的協會，成員包括北美、歐洲及亞洲共三十四所國際事務相關院校。政大為臺灣第一所加入 APSIA 的學校，期盼藉此成為各學院在國際發聲的跳板，提升政大的國際視野與國際學術發展的能見度；未來將以台海關係經驗及區域關係研究為基礎，提出學院共同議題如衝突管理、國際談判等，並加強理論分析建構，塑造國務院的學術特色。

社科院地政系也於一〇三年接受 RICS 課程認證，目前 RICS 認可包括英國劍橋大學、英國倫敦經濟學院、美國麻省理工學院、法國巴黎大學、香港大學等多所大學或研究所不動產教育訓練課程。地政系在通過認證之後，將成為臺灣第一個獲得 RICS 課程認證的學系，屆時同學接受十七個專業科目學習，累積一段時間就業經歷，即可成為 RICS 正式會員，取得不動產專業的國際證照。

藉由認證持續監督產學合作、教學品質提升，可以讓學校不斷精進，提醒學校重新省思教育定義，並找出國際共同規範作為努力的基石，成為一流專業學院，並不斷檢視教育內容，培育兼具博雅、創造力、國際移動的人才。

重視理論與實務結合的個案教學

專業教育重視理論與實務的結合。因此，個案教學一直是政大商學院的特色。

政大商學院參與哈佛 PCMPCL/GCPCL 教師與加拿大 IVEY 管理學院（全球個案發行量排名世界第二）教師共同開發撰寫二十五個台灣本土個案，由雙方教師聯名發表，以中英文發行至世界各地，以提昇政大商學院之全球知名度及在個案教學領域的地位。目前共完成十九個個案的上架作業，自九十七年至

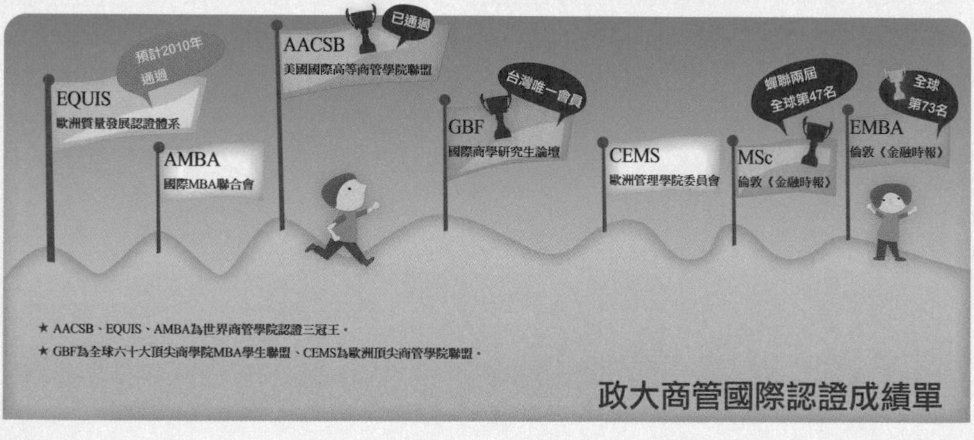

今全球總使用數已超過兩萬五千人次。這不僅讓臺灣學生貼近本土產業的策略思維與運作模式，加速國內商管教育邁向國際的腳步；同時也大幅提升本土優質企業的品牌形象及國際知名度，讓全世界的學生都能瞭解臺灣優質的企業。

商學院以個案發展促進產、學同步精進的理念，也獲得許多企業的支持，研華文教基金會長年致力於以產學合作對社會產生實質正面影響，以達到人才結緣、創新學習的效用，一○二年與政大商學院共同發起「商管中文個案贊助計劃」，以合作推動台灣企業的個案撰寫及推廣，提升整體商管個案教學品質與產學合作效益；除了贊助發展企業個案之外，更鼓勵資深教師帶領年輕教師進行個案開發，對於個案撰寫與教學的師資培育極具意義。

商學院推動個案教學，重視實務討論與產學經驗交流。

薦送種子教師前進哈佛

個案教學不僅要有好的個案，更需要有好的老師在課堂中引領同學腦力激盪與深入討論。哈佛商學院一直以個案教學聞名，為了加強與亞洲各國頂尖商學院的合作，提升亞洲個案研究水準，特別開設短期進修課程推廣個案教學；課程包含個案研究、個案教學以及課程發展等。政大商學院於九十四到一〇三年間總共薦送四十五名教師參加哈佛大學個案教學研討課程，多年下來，已培養出一群實力堅強的個案教學教師團隊。未來將持續每年薦送一、兩位種子教師參與該課程，希望每一系所能培養足夠的種子教師，同時全面提升商學院個案教學與研究的水準。

強調企業責任與永續精神的信義企業倫理講座

專業人才需有嚴謹的職業倫理，才能讓自身擁有的專業能力為社會帶來正面的能量。為了落實這個理念，一〇一年政大企業家班校友周俊吉與信義房屋捐款，於政大商學院成立信義企業倫理講座，在原本的商學專業與管理教育中加強培養學生的企業倫理及永續經營觀念，期望由經理人的養成過程注入對企業倫理的關注，以提高未來企業領導人對企業倫理的重視，進而提昇企業與產業的競爭力，甚至可藉此強化國家品牌形象。信義企業倫理講座內並設立企業倫理講座一席，邀請前副總統蕭萬長擔任首屆講座主持人，以卸任副元首的高度，彰顯企業倫理的重要。

信義企業倫理講座具「管理道德、社會責任、永續經營」根基的商管教育精神和特色發展，為經理人養成注入更多的倫理關注，打造國際級經營管理教育中心。希望藉由倫理教育教材與個案發展、研究，推動「全系統」企業倫理教育，進而帶動教育界關心倫理議題，而「企業倫理研究發展中心」則將研究東、西方企業社會責任及企業永續精神接軌的前瞻企業倫理思想，規劃專業領域倫理課程，培養師資、發展教材，進而落實 MBA 學程倫理教育。

學生的國際視野、國際素養與國際移動力的培養，一直都是政大國際教育的目標。政大各學院近年來紛紛加強與國外知名大學進行學術、文化交流，以培育學生提早把自己投入一個有挑戰、陌生環境的能力，尤其是政大外語學院具有多種語言優勢，更有機會去接觸特別區域，具備扎實的國際移動能力，成為搶手人才。

在學校努力之下，過去國外高等學府對於 NCCU 很陌生，甚至連 Chengchi（政治）的音都發不正確，但是現在越來越多人知道 NCCU，這是政大一個很大的資產與改變。畢竟，國際化就是資產，國際化就是學生的未來。

引領社會的卓越研究

人文社科的學術挑戰

在臺灣只要講到政大，大家都會豎起大拇指，可是當頂大公布五年五百億、學術評鑑結果時，政大表現又與社會期待產生落差。究其原因，還是在於頂大計畫以 SSCI、SCI 等國際通用的學術期刊發表論文為評鑑標準，而人文社會科學在論文產製的速度與數量不同於自然科學；而且，人文社會科學研究主題有一大特色，多與在地相關，強調對當地社會的影響力，往往較符合自己的社會文化需求，與自然科學放諸四海皆準的理念不同，研究結果也無法完全類推至其他國家，加上國際期刊發表研究成果須使用英語。這些原因，使得以人文社科為重心的政大，在論文發表的數量有限，便不容易受到國際重視。

人文學術與科學有其截然不同的角色及研究方法，人文學判斷、分析證據，並非去實驗，大多是去詮釋；人文學術提供的不只是工具或技能等附加價值，而是一種觀點，一種對話；人文社會科學最大特色不只是延續過去歷史軌跡與遺產，更適時加入當代觀點及元素，藉由保存與傳遞人文學術知識，維護人文主義的精神，聽見更多世界的聲音。

作為人文社會科學的一流大學，政大有義務引領社會重新思考。但是要如何重新樹立人文社會科學價值呢？政大於九十八年四月成立「人文社會科學學術評鑑指標工作小組」，以研發長周麗芳為召集人，號召校內各學門領域教授加入，以檢視人文社會科學的價值與貢獻。

當然，評鑑不是閉門造車，更應符合時勢、凝聚社會共識、取得學術社群認同。因此，對外分享各學門研究結果，帶動其他相關領域社群共同發聲，而能裨益公共政策。要達到成效，就要透過出版等媒介，讓社會大眾，乃至國際學術，想到政大同時能立即知悉個學門所代表的特色與貢獻。

一如吳思華在評鑑指標小組成立之初便指出，自我認清學門定位及特色，遠比訂定指標、追求達標更為重要。肩負對社會影響力的學者應自問：「我們學門發展與臺灣未來有何關聯？」從前瞻觀點回首現階段社會，了解甚麼才是社會發展重要的議題，如果能對社會有所貢獻，自然就會獲得重視與肯定。這也正是政大在人文社科學術上的價值，以期能夠掌握文史話語權、在公共論壇上發揮大學影響力，在跨領域科研上有更卓越的成績，進而將學術落實於社會實踐。

人文社科的學術價值

◆人文傳統掌握文史話語權

民國史研究，提出轉型史觀

講座教授陳芳明表示：「國民政府在內戰中失利時，從未預見中華民國一百年將是何種光景。而使中華民國的歷史傳承下去，依賴的是臺灣住民的共同意志與共通價值。《中華民國發展史》即紀錄與辯證了中華民國史的傳承與轉型」。

《中華民國發展史》是政大人文中心於民國九十八年籌組的「百年辛亥」基礎研究團隊，王汎森、劉翠溶、趙永茂、漢寶德、陳芳明、章英華、周濟、林星嶽、呂芳上等擔任分組召集人，以Y字形的變遷脈絡為撰寫主軸，分別從百年學術發展、政治與法制、經濟發展、社會發展、文學與藝術、及教育與文化發展等六大面向、一百卅七個議題著史，從恢弘視野，探討自大陸至海島，自初建至百歲誕辰以來，中華民國種種變遷與發展。自行政院、考試院、中央研究院、故宮博物院、國史館以下，包括卅五所大學與十四所公民營學術研究機構都參與了這項工程，可謂國內近年規模最巨之修史。

民國卅四年以前，中華民國各項制度實施於中國大陸，臺灣

中華民國發展史

社資中心孫中山紀念圖書館

則屬於另一個法域；民國卅八年以後，中華民國以臺灣為建設基地，並融入臺灣原有的社會組織與文化。六十年來，臺灣民主制度運作成熟，也是世人學習中華文化的勝地，如《中華民國發展史》所言：「世人要認識中國，瞭解中國，臺灣經驗是很重要的參照。所以史家必須記錄臺灣，報導臺灣，讓國人重新認識中華民國發展的周折，也讓世人認識中華民國的成就，體現：『中華民國在地化』的轉型史觀」。

溯往更要前瞻。人文中心也透過頂大計畫支持推動「現代中國的形塑計畫」，分史學現代脈絡下的中國史書寫、少數民族與現代中國的形塑、中國認同與現代國家的形成、現代中國宗教的形塑、文學與藝術的現代轉化與跨界研究、明清中國社會變遷與當代遺產、從影像看二十世紀中國、蔣介石與現代中國的形塑等主題再次凝聚國內外學者從事中國文化思想制度以及現代化變遷的探討。

這套史冊於民國一百年十一月問世，也是中華民國建國一百年，海峽兩岸都對辛亥百年歷史提出不同詮釋。最重要的是，透過修史所促成的跨領域合作整合，一如人文中心主任周惠民指出：「這次非官方修史，不只讓學者發聲，為臺灣定位，也讓世界重新看見中華民國，意義非凡。」

原住民族研究，保存多元文化普世價值

一支民族就像一片葉子，族語便是葉脈，密密麻麻織出繁縟的花紋，展現不同民族部落的文化理路與歷史傳承。

民國九十年林修澈教授受教育部委託成立教材小組，統整原住民族語言教材，並擔任小組召集人。這項在當時是國內史無前例的大工程，歷時五年，動員逾兩百五十位編輯，耗資近八千萬元經費，終於在九十五年完成。總計四十個語別，每一族語劃作九階，每階一冊，每冊又包含教師手冊與學習

手冊兩本，共計七百二十本。林修澈表示：教材開始編纂之際，臺灣官方承認的原住民族僅有九族，然而，編輯團隊考量到各族群內不同部落的語言使用習慣，將整套教材細分成四十種語別。例如：卑南族語課本又分初鹿卑南語、知本卑南語、南王卑南語，建和卑南語四種。日後相繼獲得承認的邵族、噶瑪蘭族、太魯閣族、撒奇萊雅族、賽德克族，其族語都早已在教材的網羅中。

為了讓原住民族語教材與日常生活相連結，在這套課本裡納入不少新造的辭彙，或者在舊有詞語上演化出新意思，以便轉譯像是電冰箱、飛機、營養午餐等等在原住民族傳統漁獵生活中不曾出現的器物與概念。此外，課文則強調會話可用的散文，而非坊間教材普遍採納的神話、歌謠、韻文，林修澈說「這套課本對原住民族來講，等於是革命。」根據教育部統計，目前政大版原住民族語教材的採用率已達百分之八十，備受族人讚賞。

語言永遠是與時俱進的半成品，特別是世界發出的矛盾訊息，都在語言中，唯有我們傾聽多元的聲音，並試圖洞察背後的意義，才能承續多元普世價值。原住民研究中心於九十六年成立，持續進行台灣原住民族語言及文化研究與保存，並進一步將已完成的教材編寫成果建構成原住族民族語料庫，此外也設計線上有聲課本，提供逐字與逐句發音，使學生的聽、說、讀、寫能力獲得充分的培養。面對瀕危族語的保存與發展，任重道遠。

華人宗教研究，以臺灣宗教包容和國際對話

「全世界最豐富的華人宗教田野就在臺灣！」宗教所所長黃柏棋指出，我們生長的島嶼正是一塊宗教寶地，琳瑯滿目的華人宗教在此繁衍，既多元又活潑；然而，在學術領域裡卻尚未十分完整論述，也未被大眾清楚地「看見」。

一〇二年五月，政大校級研究中心「華人宗教研究中心」正式誕生。「宗教研究」在西方學術界已有長期的發展，近來因受「地球村」思想、多元文化主義、地域主義、政經衝突、科技整合等因素的影響，宗教研究越加受到重視。華人宗教涵納的範疇極廣，隨著移民的遷徙與文化的傳播，中土興盛的華人宗教也擴散至東北亞的日、韓與東南亞的越南、馬來西亞諸國，有的是發展出獨特的區域特色，有的則是在海外維續中土業已消失的習俗。因此，華人宗教研究中心的宗旨便是以在世界各地開枝散葉的華人宗教作為研究主軸：除了基本的儒釋道三教，華人穆斯林、華人基督徒，也都算是華人宗教的一部分。

臺灣在社會、政治、經濟、教育及各類觀念與思想潮流等進展迅速，華人宗教在臺灣自由發展，許多宗教團體與宗教活動也大為興起，不只對社會各層面都產生深刻的影響，也將宗教傳布於海外，以宗教事業推行民間外交，並因應現代化與全球化的時代潮流，調和傳統與現代性、全球化與在地化的矛盾，在亞洲地區成為轉型成功的宗教經驗。

臺灣在華人世界所發展的宗教成就別具特色，也因此在學術發展上具備宗教學術的優勢。宗教也可說是了解臺灣的另一把鑰匙。「臺灣最美的風景是宗教，走在大街小巷隨處可見廟宇」，華人宗教研究中心主任、講座教授李豐楙表示，宗教研究不只是宗教的事，將成為吸納政大人文、社會、法商的跨領域研究中心，從事與宗教有關的理論、歷史、現象等研究。

目前，華人宗教研究中心實踐的項目包括：設立一貫道與新宗教研究、漢傳佛教研究，道教研究、數術文化、基督宗教研究與穆斯林研究等單位，同時出版中英雙語期刊《華人宗教研究》，出版研究成果專書，也將投入大型的宗教資料庫建置工作。此外，政大不帶宗教色彩的中立背景，也使研究中心與教團、企業之間更能妥貼合作。

從前瞻觀點回首現階段社會，了解什麼才是社會發展的重要議題，如果能對社會有所貢獻，自然就會獲得重視與肯定，這也正是政大在人文社科學術上的價值。

「初極狹，纔通人；復行數十步，豁然開朗。」從前華人宗教研究的重鎮在於法國與日本，如今美國後來居上。藉著展現研究能量，提升學術地位，政大華人宗教研究中心希望取得華人宗教領域的發言權，並逐步建立兩岸三地、東亞、北美乃至歐陸的國際連結。

◆追求社會美好善治

選舉研究，解讀民主善治與公民參與的關鍵拼圖

「研究各國的選舉制度就像個自然實驗室，學理上有趣，實務上更重要。臺灣民主體制一向是我國最為傲人的成就，尤其臺灣的民主化經驗特殊，很多民主國家沒有辦法回答的問題，有可能在臺灣身上找到解答，」選舉研究中心講座教授黃紀描繪著幾年來投入選舉研究的感想。

民國七十八年成立的選研中心，早在七〇年代便已逐步進行民主調查，一直到民國九十四年臺灣修憲，選制的改革成為選研中心的研究重點之一，之後更進一步投入亞太地區國家選制比較研究。

民國九十七年起選舉研究中心在頂大計畫支持下推動「亞洲選舉研究計畫」（Asian Election Studies, AES），比較臺灣、日本、韓國、紐西蘭四個亞太民主國家選舉制度的異同，分析制度設計對於政府治理模式的影響，並解釋公民參與如何影響政府決策。臺、日、韓三國採用相同選舉方式，其中巧合、各國實施結果、型態演變過程，乃至三國如何相互學習，都是「亞洲選舉研究計畫」的研究重點。「借鏡本土的選舉現象，和他國比較優劣，就會產生政策的意涵，」選舉研究中心主任陳陸輝認為，之所以發展出跨國的民主選舉研究，便是嘗試以臺灣的經驗，和國外做不同的對話。

「亞洲選舉研究計畫」預計將研究擴展至菲律賓、泰國、紐西蘭，資料全數公開，不僅可推廣臺灣選舉研究經驗，也成為有系統的跨國選舉資料平台，協助臺灣將成為全球亞洲選舉研究的樞紐，也

幫助世界認識亞洲。

在選研中心的網站上，也定期公布三項重要政治態度調查：「臺灣民眾政黨偏好趨勢分佈」、「臺灣民眾臺灣人／中國人認同趨勢分佈」、「臺灣民眾統獨立場趨勢分佈」，不僅為國內外所關注，同時也是應用指數最高的調查結果。

陳陸輝表示，這些政治態度的研究對於政治參與、政黨政治、兩岸關係都有非常正面的影響。他指出，以前，談論兩岸關係只有統一或獨立兩個選項，選研中心則將其發展出六個更加細膩的選項。「國內外所有關於臺灣選舉的研究，選研中心資料被引述的比例佔最大宗，政大選研中心的研究僅以學術為目的，絕非營利用途，」陳陸輝表示。

因應科技時代的來臨，選研中心也調整民調方式，開發「電腦輔助面訪系統」（e-CAPI）與「線上調查實驗室」（Pollcracy LAB），讓個體民調資料的蒐集更有效率。民國一〇一年九月起建立的台灣選舉與民主化調查（TEDS）資料庫，在進行總統滿意度調查時，便已結合網路民調，達成網路、電話各半的樣本數，藉著兩者的搭配，使民調結果更接近現實，因此，選研中心近年更投入手機 APP 軟體開發，思考結合腦科學研究，了解選民的選舉決定過程。

黃紀表示，選研中心一向在民主選舉研究上不遺餘力，特別是當民主已成為國人基本生活態度時，選研中心將持續透過研究發揮影響力，未來也將站在中性的角度，推動對於民主有正面發展的政策建議。

未來研究，打造華人圈唯一預測市場的智慧平台

在英文詞彙裡，「Future」即是未來，也是期貨之意。近年「預測市場」興起，即將未來事件作

為期貨合約，以價格波動作為對該事件後續發展的預測。政大預測市場研究中心於民國九十五年成立便是以預測市場的機制為研究方法，觀察社會議題的趨勢發展，並即時提供預測結果。全球第一個「預測市場」起源於一九八八年美國愛荷華大學（The University of Iowa），由三位商學院教授套用期貨交易模式及經濟學，解釋市場價格的理論至群體意見上，預測出選舉結果。

民國九十五年預測市場研究中心就進一步與中央研究院資訊科學研究所、御言堂公司產學合作成立「未來事件交易所」，就是以未來事件為期貨合約的金融交易所。目前合約分為九類：娛樂時尚、運動、汽車、國際、兩岸、社會、房地產、財經、政治。成立七年後，會員人數已近十五萬人，參與者遍及臺灣、中國、美國、日本等地，發行了四千多個預測事件組，九十五年北高市長選舉、九十七總統大選、九十八年縣市長選舉、九十九年五都選舉等都是預測事件之一，預測結果準確率都高達九成以上，遠比其他媒體與民調中心來得精確。

預測市場研究中心主任兼國家發展所所長童振源說，因為取樣、調查單位自身立場等，常是導致民調常與最後結果常出現大落差的因素，而預測市場能免除這些干擾，適當的獎懲機制與「連續修正」功能是成功主因。目前受限於「期貨交易法」尚未認可以事件為期貨，因此預測市場交易者只能用虛擬貨幣交易。

民國一〇二年十月童振源與中心研究員葉家興合著出版《未來事件交易簿：集體智慧的新平台與新典範》，童振源表示，政大發展預測市場研究的優勢在於能夠跨領域整合，加上軟硬體現有資源，除了特定專業領域如醫學、文創、戲劇等必須向外尋找合作，大多數學科都能與預測市場的研究結合。

除了持續研究「未來事件交易所」的專案，預測市場研究中心也將聯合政大、淡江大學、香港中文大學、東海大學，研究「評估預測市場準確度之判斷模型」，探討哪些事件或變因會使趨勢落入不準的機率區域裡；中心也計劃與資管系合作，研究疫情預測系統；預測市場與企業搭擋便能開發創意市場，以企業發展政策為合約，集思廣益篩出好點子。

「三個臭皮匠勝過一個諸葛亮！」童振源認為，預測市場提供了集思廣益的平台，也讓群體智慧價值得以發揮，匯集眾人的智慧來推動社會創新、形塑公民價值。

不動產研究，致力於國本課題

「學術成果能對市場產生參考依據，這就是學術的意義與價值！」張金鶚教授創辦社科院臺灣房地產研究中心，是國內不動產研究的領頭羊。在他的主導下，長年執行三項重大的房地產研究計畫，分別是釐清房地產景氣的「臺灣房地產景氣動向調查」、探討房地產市場消費層面的「臺灣住宅需求動向調查」，以及國泰建設委託的「國泰房地產指數」。這三項研究累積多項數據，建立重要資料庫，深受業界、政府、學術機構引用、信賴，在不動產研究議題上扮演著國際學術交流對外的重要窗口。

張金鶚舉例，房地產研究在國外行之有年，已有專業學科基礎，像美國麻省理工學院（Massachusetts Institute of Technology）及賓夕法尼亞大學（University of Pennsylvania）都有設立房地產研究中心及系所，臺灣應該營造一個環境，來支援房地產研究！不該積非成是，造成房地產的投機問題，就會像食安問題一樣，引起社會惶惶不安。

早期的土地改革奠定臺灣的發展基礎；但現在卻因房地產問題，綁住臺灣的經濟發展。張金鶚說：「成也土地、敗也土地，房地產問題足以動搖國本。」然而房地產的居住本質，應是「三分投資、七分居住」，而非炒作房價，造成「空屋閒置，晚上不點燈」。學術界更要提供研究能量，產、官、學，甚至非政府組織也應合作，解決問題，勿讓房產問題停留於抗爭及限制經濟層面，這也是成立臺灣房地展研究中心的初衷。

電子治理研究，打造政府電子治理夢想

民主體制發展除了表現於選舉制度轉型之外，也見於政府治理。民國一百年政府邁入電子治理新時代，舉凡報稅、洽公、申訴等，都可以透過網路，就得到政府「一站式」（one-stop-service）的全方位服務。這個「洽公不再霧煞煞、公務服務全都露」的電子治理造夢計畫，就是由行政院研考會與政大社科院「臺灣治理與科技中心」（Taiwan E-Governance Research Center, TEG）聯手擘劃。

自民國九十七年營運至今，TEG 主要研究議題有創新研發、績效服務、公平參與等三大面向。創新研發方面，團隊從政策管理的角度出發，提供創新的電子治理模式；績效服務部分，主要分為事前評估政策可行性與事後調查民眾滿意度等；最後，公平參與則盼能推動電子治理政策，提供民眾公平參與權益，也考量到不同族群的網路資訊近用性，以縮短數位落差為要。

團隊成員公行系教授朱斌妤指出，電子化治理過程看到民眾與政府的關係的改變，民眾較以往更重視政府機關資訊的公開性，「共享」政府資料庫已成時勢所趨，大眾期待可以更容易、便利取得政府的資料，做資訊加值或商業價值應用。因此，團隊也將這幾年所做的調查，分析、建置成「電子治理資料庫」，積極分析政府對外分享資料與資訊，對其他機關和民間組織的「加值」作用，作為判斷政府電子治理的成效依據，也根據資料庫的分析，提供政府建構更完善的電子治理政策評估建議。

朱斌妤也提到，臺灣在電子化政府的執行效果在國際有不錯的聲譽，泰國政府也多次拜訪 TEG，希望能以臺灣推動電子治理的經驗做為政策管理的借鏡。與他國相較，臺灣電子化政府的應用上，思維較創新、進步。但朱斌妤表示，「跨域治理」是電子化政府最重要的一部分，政府在這部分仍有加

強的空間。以具有重病患者的家庭為例，常要申請相關福利服務，如呼吸器、居家照護等。如果部門間資料相通，只要病患提一份申請，上面載明病患所有需求，政府應該就能提供病患所需服務和資訊。又如食品安全問題，涉及機構包括行政院衛生福利部和經濟部，若是政府部門間能更有效共享彼此的資料，衛福部就能直接從經濟部的資料庫得知廠商買了哪些原料、多少數量，不需要再一一向所有廠商取得資料。朱斌妤強調，若政府部門之間的資料能更流通，達成「單一窗口」的跨域服務，不僅提升政府機構的執行效率，民眾也能享有更便利的生活。

服務創新研究，回歸以人為本

「任何行業最終服務的對象都是人！」政大服務創新與電子商務頂尖中心主持人梁定澎指出，社會上的行業都跟「服務」有關，只是建立於不同的基礎上。換言之，不管是製造業或高科技業或其他以無形服務為主體的服務業或相關產業，都可視為服務業，在服務型經濟中創新，才能在新紀元中獨占鰲頭。

梁定澎主持各類服務創新研究計畫，民國一〇二年十二月，他參與義大利米蘭的國際資訊管理研討會，發表「開放式創新研究計畫」。梁定澎調查兩百多間公司，並以臺灣和日本作為對照，分析得知：「臺灣的廠商是以技術引進為主，日本則多以授權獲利。」但他認為，只要找到恰當的組合，兩種方式都能達到一定的成效。

除了學術研究之外，服務創新與電子商務頂尖中心認為成立平台、與社會大眾對話非常重要，因此一〇二年起一方面推出「服務創新電子報」，舉凡國內外最新創新動態、服務新知、服務設計、顧客洞察、服務科技、服務策略、服務流程及創新案例都是分析報導重點，與社會大眾做直接的交流。

二方面與美國普渡大學合作發行《電子商務研究期刊》（Journal of Electronic Commerce Research），強化與國際學術社群連結，這份期刊也成為臺灣第一本進入 SSCI 的商管領域國際學術期刊。

梁定澎認為政大有優秀的商管傳統與研究團隊，再加上心智、大腦與學習研究中心的 fMRI 硬體設備，足以替服務創新研究打下有力的基礎理論，提供生理層面的驗證，「透過神經科學的設備，可以觀察到真正接近內心的感覺！」梁定澎表示，這點是其他學校所不足的優勢。

智慧資本研究，打造廿一世紀產業創新金鑰

「廿一世紀產業其實真正在競爭的是智慧資本！」政大商學院會計與智慧資本研究中心主任吳安妮道出智慧資本的重要性，也決定了企業的成敗。

臺灣的產業正努力從製造經濟走向創新經濟，全面了解企業個體的創新行為是一項重要的基本工作，因此，受科技部委託，由吳思華帶領六所大學教授，進行全面性的產業創新調查，第三次調查從民國一百年四月開始，透過問卷陸續調查一萬三千多家製造業及服務業，蒐集九十六年至九十九年期間，各產業推出的各項技術及管理創新相關活動資料。除此之外，調查也融入最新的環保議題和包括代工（OEM）、設計代工（ODM）、兩岸等議題，可以了解這些變項對臺灣各產業創新的影響。

研究團隊表示，這項調查最大的特色是問卷與抽樣方法都依據歐洲 CIS2008 規格來設計，因此研究成果可與歐盟及經濟合作暨發展組織（OECD）等國際資料庫對照，用以比較臺灣與國外產業創新情形。「這是具國際視野的研究案，也是政大在創新研究上的創舉，由學術社群建立、支持、支援、公開資料庫並建立起產學合作的橋樑，是為學界立下榜樣的。既是集眾人之力，也是集眾人之利！」團隊成員、科技管理與智慧財產研究所助理教授許牧彥如此說道，產業創新調查已進入第三次，研究

團隊特別在第三次調查增設資料庫的使用者參與回饋機制，透過 web 2.02 的方式互動，讓使用者也能一起貢獻，WIKI 概念下與學術社群直接互動，能讓資料庫更完整。

吳安妮表示，智慧資本是無形的資產，亞洲、中國都很重視人際關係，社會資本就很重要，這都是智慧資本的領域。而從會計角度研究重點是找出評估智慧資本的方式。「目前到位的是顧客資本和流程資本，下一步則要展開創新資本的評價研究。」她表示，目前團隊所開發的智慧資本評估模組與方法，都已申請專利。申請專利是要凸顯這類研究是由臺灣出發，等到所有的評估模組到位後，就能向國際推行。

◆看見世界的眼睛

曾任總統府副秘書長、長於國際關係的政大副校長林碧炤闡述，現今國際有兩種趨勢，一是「外交專業化」，二是重視「議題設定權」，前者使外交工作更趨於專精複雜，後者則決定了一國的國際地位。他指出，舉凡氣候變遷、疾病傳播、重大災害等全球議題，都需具備跨國、跨地域專業知識。若能在某一專業領域領先他國，便能掌握國際議題設定、論述、發言權，這正是全球矚目的「巧實力」的應用。

而臺灣因政治背景複雜，外交之門諸多阻礙，必須藉由專業知識凝聚強大學術力量，進而取得國際議題論述權，以助於突破官方外交困境，「（影響力）比金援外交要更長遠，」林碧炤說。政大設有國際事務學院、外語學院、國際關係研究中心、中國大陸研究中心等研究單位，在國際關係及區域研究已有基礎，長期協助臺灣與各國的國際學術中心接軌，更在國人陌生的新興經濟組織或新興國家市場如：歐盟、土耳其、沙烏地阿拉伯、俄羅斯、東南亞、南美、非洲等，有數十年的學術耕耘，除

以「學術外交」打響臺灣知名度，也是臺灣面對國際社會最重要的外交後盾，這是別的學校作不到的。

了培養本土研究人才，也邀請國際學生及學者加入，以「學術外交」打響臺灣知名度，也是臺灣面對國際社會最重要的外交後盾，這是別的學校作不到的。

國際關係研究

國關中心主題範圍廣泛，涵蓋美、歐、亞太、中國，與美國、歐洲、東南亞、日本、韓國、印度、中國等，與世界主要學術中心、大學、研究機構互動密切。每年舉辦臺美會、臺日會、臺歐會、臺灣首爾論壇等例會，邀請各國學者官員參與，分享學術、政經、國際關係經驗。國關中心主任丁樹範指出，過去政大隨國民政府遷臺，國關中心作為國家智庫，與政府往來密切。如今社會日趨多元，西方國家進入亞洲或中國研究的門檻降低；國關中心轉而以政治中立的「學術研究」為主。丁樹範以民國一〇三年甫結束的「臺美會」為例，指出過去臺美會強調政策宣傳，近年則專注在雙方學術交流。而臺灣對於「人權」價值的重視、活躍的民間團體，在國際上擁有良好形象。政大以此人文基礎及學術實力，「讓臺灣在國際社會被注意。」

亞太研究

政大在亞太研究方面人力充沛，如日本研究就是一個強項。政大外語學院設有日文系、法學院專精東亞法制、國際事務學院設有日本研究碩士學位學程、商學院和日本商管學術界交流頻繁。政大發行的《日本的問題與研究》是全臺唯一以日文撰寫的學術期刊，自七〇年代起至今已發行四十二卷一百六十六期，在日本學界頗有知名度。民國九十八年九月與日本交流協會合作，正式設立全臺第一座「日本研究中心」，結合雙方資源，盼能深化臺灣對日本政經、社會研究的內涵，未來成為臺日雙邊最重要的學術樞紐。

政大也與東南亞國家保持高度學術連結，「亞太安全合作理事會」（Council for Security Cooperation in Asia Pacific, CSCAP）秘書處就設在政大。CSCAP 為全亞洲地區安全合作的學術組織，透過 CSCAP 與東南亞各國的學術交流，政大比國內其他學術機構擁有更多與東協溝通的機會。

此外，印度的國際地位日漸提升，但臺灣的印度研究人才卻相當缺乏。印度學術研究的書籍多以英文、簡體中文撰寫，迄今也沒有一本以臺灣觀點介紹印度的專書。「目前臺灣只有政大在做印度研究。」國關中心研究員鄭端耀指出，印度研究是政大著力甚深的版圖，自民國九十八年三月集十五位專家共同撰寫出版，介紹印度的歷史、憲法、外交、軍事，協助有心研究印度的師生，帶動臺灣印度研究風氣。政大更於一〇三年成立「印度研究中心」，是為全臺大學中第一所專門從事印度研究中心的單位。

伊斯蘭研究

從東亞的日本與東協到南亞印度，政大更引領臺灣看見中東。

全球穆斯林國家人口總數約十五億，相當於每五人中就有一位穆斯林。過去中東產油國因掌握石油命脈，穆斯林國家的政經影響力讓國際不敢忽視。近來，產業大量移往勞力成本低、人口密度高的東南亞等國，而穆斯林在東南亞各國的人口比例也很高。

金融風暴之後，穆斯林獨有的經濟體制屹立不搖，更突顯其重要性。「了解伊斯蘭文化歷史後，企業家對穆斯林國家談生意能更順利，彼此更容易合作，」政大阿語系教授林長寬指出文化研究對實務操作的重要性。

政大擁有全臺唯一「阿拉伯語文學系」，近年來增設「伊斯蘭思想與中心」及「伊斯蘭文明資料庫」，這是全世界唯一華語撰述的伊斯蘭研究資料庫。

九十八年六月，國關中心與沙烏地阿拉伯「費瑟國王伊斯蘭研究中心」簽訂學術合作備忘錄，加強雙方學術交流。一百年十月，吳思華應邀前往該中心訪問，並以「臺灣高等教育的創新活力」為題發表專題演講。同年九月，「伊斯蘭研究學會」也在政大成立，會員包括海峽兩岸伊斯蘭學者，從此臺灣與國際性的伊斯蘭研究社群有了溝通平台，也有名義募集資金。學者不再是孤軍，能齊力在臺灣的伊斯蘭研究荒土上奮鬥。

在此同時，政大與印尼亞齊大學（Syiah Kuala University）簽署學術合作備忘錄。該校位處東南亞伊斯蘭教文化重鎮的蘇門答臘島，校長 Darni M. Daud 也與政大伊斯蘭思想與研究中心會談，開啟未來合作之門，讓政大的伊斯蘭研究面向囊括中東與東南亞兩大區塊。

中國大陸制度變遷與經濟發展研究

民國九十一年政大成立「中國大陸研究中心」，整合國際事務學院、法學院、社科院、文學院、國際關係研究中心等單位學者，成為全臺最大的中國大陸研究社群。

中大研主任王振寰表示：「臺灣進行中國大陸研究有兩層意義，其一是因為兩岸關係特殊，其次是因為中國的日漸崛起。」中大研目前透過頂大計畫支持著眼於中國大陸崛起之制度變遷與經濟發展課題，包括黨政體制改革、經濟與區域發展、環境治理、社會發展與基層治理、臺灣中國與東亞社會資本研究、公民社會與 NGO 發展、中國社會管理創新與制度改革（中國農村）等主題。

「民主轉型是中國政府未來必須面對的課題，我們深感興趣。」王振寰說。團隊所提出的「鑲嵌在制度環境下的非正式政治」學術觀點，更解釋了中共政治同時出現制度化與派系較勁的悖論，並已由 Routledge 出版社出版兩本英文專書，此外團隊也提出「協商型的統合主義」理論架構，與既有的「國家與社會關係」理論對話，並起草「中國水治理的生態人文主義宣言」。

國關中心中國社會暨經濟研究所研究員王瑞琦表示，在中國十三億人口中，鄉村人口占超過半數，農民、農業和農村的「三農問題」是中國政府的當務之急。過去非中國本地研究者無法輕易進入中國內地，多半只能看見沿海地區與都會菁英，但這些菁英並不代表中國全貌，若要深入瞭解中國社會，勢必要走入基層。因此，九十七年，政大組織了臺灣第一支以「農村經濟發展」為研究方向，深入中國內地少數民族農村蹲點研究的研究團隊，深入內陸進行田野調查，將臺灣社區發展經驗帶入中國。一〇二年更獲美國福特基金支持，加強臺灣對大陸農村發展的影響力。面對「臺灣農業發展遠超過中國大陸，研究大陸農村究竟對臺灣有何幫助」的外界質疑，王瑞琦認為，兩岸貿易日益密切，若能透過深入的中國農村研究，將中國農村資訊帶入臺灣，相互對照下才會更了解本身處境與優勢，即早在兩岸農業交流中自我定位。

王振寰強調，「全世界都在看中國。」而臺灣保有中華傳統的深厚根基，在語言、文化上也與中國大陸相近，臺商研究及目前全球關注的「華人企業」研究中便具先天優勢。

王振寰分析，目前中國大陸仍以國營企業為主，新一代民營企業大多透過網路起家。而中國大陸與臺灣共同面臨的困境，便是「家族企業」如何順利傳承。鑒於趨勢變化，中大研也由過去建構企業史資料庫，轉為關注臺商的整體投資模式。中大研團隊即將出版的英文著作 ***Border Crossing in Greater China: Production, Community and Identity*** 便深入研究臺商近年轉型以及發展趨勢，盼透過英文出版，增加研究的國際能見度。

兩岸雖有相似的文化淵源，但數十年來發展出不同的社會文化環境。中大研研究團隊「用比較現實角度看臺灣及中國企業的改變」，進而觀察臺商投資的「模式」、發展完整的研究體系，代表臺灣在學術研究領域發聲。

中國大陸法制研究

中國大陸經濟改革開放之後，已躍升為世界第二大經濟體，僅次於美國。中國大陸牽動全球的市場與機會，過去標舉「中國製造」的中國概念也從「世界工廠」逐步轉變為「世界市場」，並走向高度市場經濟化和法制化。

中國大陸經濟體制與政治實體法制挑戰巨大，由於臺灣在大陸人口已增長為兩百萬人，更需要一套具系統的大陸法學研究和整理，因此政大法學院九十八年成立中國大陸法制研究中心，同時在頂大計畫支持下，政大法學院也推動「中國大陸發展的法律制度架構計畫」，包含中國大陸民法法典化的方向與進程、中國大陸司法的功能定位及其改革、兩岸公司治理規範的比較研究、比較兩岸的勞動法與社會法制、兩岸智慧財產權的保護與網路管制、兩岸和平共榮的區際法律架構等六項子計畫，對中國法治基礎結構做全盤研究，希望在發展過程中帶動本土法學研究的省思。

法學院前院長方嘉麟表示，近幾年來越來越多臺灣學生選擇赴陸留學，作為往歐美進修的跳板，九十七年起大陸又開放臺灣學生考取律師執照，勢必產生磁吸效應，吸引臺灣優秀學生、教師大量往大陸流動。「我們不能一直處在被動狀態，必須建立政大法學院在兩岸三地教學、研究的特殊地位，凝聚更大的學術研究能量。」政大法學院透過與中國大陸法學院的深度交流、派遣教授前往短期講學及推廣政大法學院出版品，打響影響力與知名度。政大更與中華發展基金會合作，每年遴選二十名大陸碩博士生來政大交流，許多學生返回後擔任教師或公務員。十年來，在中國，已有超過數百名學生接受過政大法學教育的薰陶。法學院也組織對岸「校友」，啟動政大在中國的影響力。「從教育影響他們的生活理念、法制價值，才能幫助對岸逐步朝向民主法治發展，」方嘉麟認為。

作為實用科學的法律研究，也必須要求理論與實務的結合，法學院副院長文王杰表示，希望透過中國大陸法制研究中心的發展，肩負起企業投資中國的前進觀測站，並與國內產業界機構，如工業總會與商業總會合作，建構起能協助臺商了解投資中國的相關配套法制規範之平台。「政大法學院一定有這樣的實力、也有這樣的使命，」王文杰說。

◆跨領域科研

心腦研究，追趕國際趨勢

廿一世紀腦科學以及資訊科技將成為人文社會科學前瞻研究最重要的兩大助力。

近三十年來，腦造影技術開發出多項新儀器，認知神經科學也開始與其他學門跨領域結合。心腦學研究中心主任、臺灣心智科學腦造影中心執行長顏乃欣指出，腦神經科學研究已是世界各主要國家的重點研究領域，政大以人文社會科學研究著稱，在此趨勢下結合神經科學、經濟學與社會學等不同領域，於民國九十六年成立「心腦學中心」，以「計

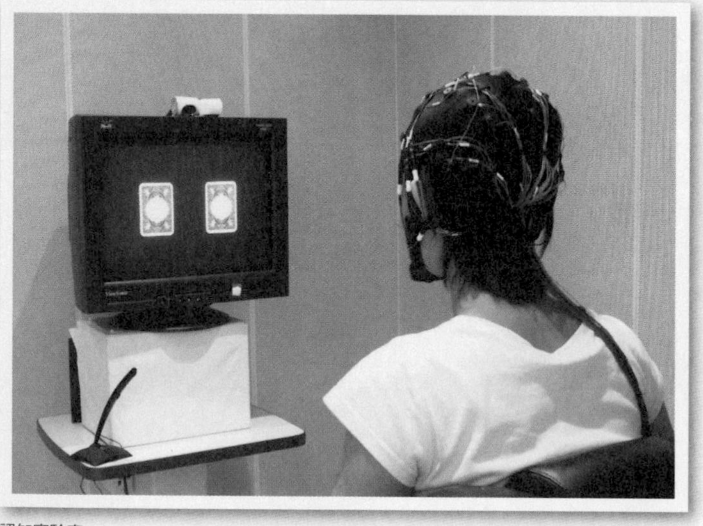

認知實驗室

算神經科學」、「情感神經科學」、「神經經濟學」與「教育神經科學」為四大研究議題，提供事件關連電位、眼動監控等相關設備開展出結合教育系統、經濟行為及情緒決策等跨領域研究。

民國一〇一年五月政大心腦學中心團隊進一步與陽明大學合作，結合兩校的人文社會科學與神經科學研究專長，組成研究團隊，受國科會人文處委託，於政大成立「臺灣心智科學腦造影中心」並建置核磁共振造影儀器（fMRI）乙部，開啟 fMRI 設備首度進入非醫學院學校的研究新頁。

fMRI 的研究範疇除了基礎的語言、決策、行為、記憶等認知神經科學議題，集結政大以「人」為本的教育學習與社會科學研究，開創出神經經濟學、神經倫理學、神經哲學、神經政治學等學術新領域。也隨著社會邁向老齡社會，將進一步探討老化與決策的關係，以協助一些社會政策的制定。相較於國內其他大學研究單位，往往以生物醫學或技術工程為導向，政大推動的研究方向，是其他學校無法取代的。

持續舉辦相關的研習課程，幫助有意投入相關研究領域的師生，充實知識背景，希望更多對於跨領域研究有興趣的研究者能投入，這也是心腦中心的目標。此外，也繼續充實研究輔助設備，讓儀器的運作可以配合更多不同類型的實驗設計需求，讓中心朝向成為進行心智與大腦研究的最佳研究平台目標邁進。

未來傳播研究，七大當代關鍵議題走出傳播學門第三條路

科技帶動了傳播媒介變革，新聞報導形式已從過去印刷在紙上傳遞進而廣布於網路、手機、PDA 等不同數位載體，微網誌噗浪（Plurk）、推特（Twitter）、Facebook、Line 以及各式各樣 APP 及雲端工具使用趨勢，創造了不同以往的網路世界。面對數位匯流衝擊，傳統傳播教研工作內涵在蒐集資料、

內容、說故事方式，甚至行銷等每個環節都產生了重大改變。過去「記者」是門專業，擁有到達新聞現場的「特權」，如今公民記者崛起，全民傳播的時代來臨，新聞傳播不再是記者獨享「權力」。

對此，傳院推動「未來傳播研究」計畫，歸納出當代七個傳播關鍵議題：新的說故事型態、新的使用者體驗、風險社會下的傳播問題、群體智慧或群體力量的實現、弱勢傳播權、媒介組織與傳播工作型態的轉變以及傳播的新商業模式、新素養。

傳院表示，傳播領域已面臨必須重新定義的關頭，太陽花學運就是展現網路科技創新的力量的社會實例。政大過去在未來傳播研究工作上一直走在亞太地區各校前頭，傳院將藉由推動這樣的研究計畫，集結產、官、學、社會之力帶動整個傳播研究的風潮，從研究走向研發、從學院走入現實，不只是提出批評，也能具體解決問題並在研究教學展現新的意義與力量。

社資轉型，運用數位技術打造民國史研究基地

社資中心過去以收藏全國博碩士論文、國際組織出版品和中外文報紙為主，一直是國內人文社科學者重要的研究基地，許多朋友都曾在撰寫博碩士論文時，運用社資中心的資料。因應數位科技日新月異，社資中心隨著歲月而泛黃的面貌也積極尋求轉型，朝發展成中華民國近現代史的教學與研究重鎮努力。

在資料內容擴充上，配合中華民國發展史的撰寫計畫，積極收藏重要的現代史料以及重要人物與事件資料，並運用資訊科技加以數位化，將史料以更活潑的方式呈現，和讀者產生更多直接的互動。到目前為止，學校已取得國民黨的同意，將中山紀念圖書館的藏書包含孫科先生「補不足齋」藏書、方東美教授贈書、中山文化教育館及中央委員會藏書等共計十餘萬冊，委託學校管理；同時並收藏雷

震、陳果夫、羅家倫、陳大齊、胡宗南等多位知名人物的史料，建置「民國史料館暨名人書房」，也典藏臺灣社會民主化過程中重要但非正式出版，發行量少、國內罕見、資料較易散佚的政論性刊物，以及完整整理呈現中華民國政府歷年來政府機關各職官任免情形的「中華民國政府官職資料庫」。

民國一〇二年中文系講座教授陳芳明更將他近卅年寫作手稿全數捐贈圖書館，同時授權數位典藏。「我有點兒不捨，但是我知道它們最好的歸宿就是政大圖書館。」這批手稿集合陳芳明共一千六百六十九篇、逾七千頁的創作。最早一篇是〈深夜的嘉南平原〉，也包括《謝雪紅傳》、以及近期重要大作《臺灣新文學史》和其他專欄、政論手稿。

一〇二年年底，羅家倫先生長千金羅久芳教授在西雅圖將先生畢生珍藏圖書、政大校史文物及著作約計一萬三千一百冊，其中包括清乾隆（一七九五年）以前之善本書籍，百年歷史以上之清版線裝書及西文書籍等藏書全數捐贈政大。一〇三年四月羅家倫文庫啟用典禮上，二千金羅久華教授表示，這批藏書歷經抗戰、遷臺和羅家人先後移居澳洲、美國，經過地中海、印度洋、長江、臺灣海峽和太平洋都完好無損，現在這批藏書回到政大，還成立羅家倫文庫。

在環境改造上，設置調查訪問室及互動觸控室，滿足校內研究者對於實證調查工具及環境設備的需求。以孫中山紀念圖書館為例，新完工的數位展演廳中就運用虛實書櫃、照片牆、大型寬幅投影融合、3D沈浸式虛擬實境等技術，提供更具震撼力的數位學術資料視覺化加值與展演內容。

社資中心主任劉吉軒表示，社資中心將持續透過資訊技術與環境的運用，激發跨領域創意、活化圖書史料典藏的學術價值，成就人文創新。社資中心團隊也不僅止於傳統數位典藏加值工作，將提升研究能量積極投入數位與人文跨領域研究趨勢。劉吉軒強調，加強跨合跨領域研究資源與人才，進一步打造中國近現代史研究基地與平臺，將是社資中心新的發展目標。

數位人文研究，開創探尋數位足跡以及人文社科研究新取徑

「巨量資料」（Big Data，又稱大數據或大資料等）時代來臨，意即網路上每一筆搜索、鍵結或是交易紀錄等，都是構成龐大體系的元件。這些網上足跡已經滲入大眾的生活，成為網路活動不可或缺的元素之一，也影響了傳統人文社會研究。因為網路影響力與日俱增，背後「人的意圖」已成為學術人文裡不可忽視的部分，然而傳統普查或民調等研究方式卻不敷使用，單憑資科技術又過於單薄。民國一〇二年傳院與理學院資科系攜手合作，以傳院教授吳筱玫為首，由資科系教授李蔡彥、廖文宏及新聞系教授陳百齡擔任共同主持人，提出「尋找媒體創用者的數位足跡：社交媒體研究之新方法探索」計畫，試圖提出一個「人文運算」與「質性電腦」的新方式。意即以質性方式找出數位時代下，人們的基本使用圖樣，再把它反射到巨量資料裡，便能更有效率地找出其陳述方式。

團隊成員表示，過去人文研究都比較偏重「死的」資料，例如史料或文本等，從未爬梳過「活人」的歷史；再者，以往人文研究都採取「均質」的概念，與網路活動的「八〇／二〇法則」（網路中百分之八十使用量實際僅由百分之廿使用者提供）不符，若用「均質」做分析容易產生誤差。以臉書為例，即便有五百位朋友，常常出現在塗鴉牆上卻是固定的少數，若以均質概念做研究，採樣到一堆陌生人，反而悖離事實。而現今社會流通快速，大眾追求的無一不是效率與速度，與強調穩定、傳統的固態社會型態不同。現在社會已經「液化」，變得多變、輕盈且具高流動性，「時間」的重要性已遠勝於「地點」。也正因時間無邊界、移換速度快等特性，這項研究沒有所謂「母體」或「整體性」的疑慮。吳筱玫表示，這項研究之所以受到重視，「就是因為它的研究思維跟傳統完全不同。」

政大目前有多個計畫或實驗室，每一主題都緊密整合資訊科學、社會科學和人文學科。其中又有多項計畫獲科技部肯定，稱其為「將概念整合得最徹底的團隊」並期許團隊跳脫傳統研究框架，另闢

契合時代新思維。

數位人文將是未來政大的學術新亮點

一、數位人文與創新應用實驗室	資科系劉吉軒
二、未來力實驗室	創新與創造力研究中心林月雲
三、決策態度與巨量資料實驗室	心腦學中心顏乃欣
四、計算、認知及行為社會科學實驗室	經濟系陳樹衡
五、數位民主治理實驗室	公行系陳敦源
六、Data Science 跨領域實驗室	理學院郭耀煌
七、數位足跡探索實驗室	新聞系吳筱玫、陳百齡
八、歷史與思想數位人文實驗室	中文系鄭文惠
九、語言與認知實驗室	英文系賴惠玲
十、數位人文、資通訊化服務與服務創新實驗室	資管系蔡瑞煌

文創研究，以人為本，在地創新，共創價值

「銜接政府與產業的橋樑」與「培育文化創意人才的搖籃」這兩個文創發展缺口是高等教育界應肩負的角色，文化創意產業係「整合產品技術、生活經驗、在地脈絡的產業領域；創意、創新、創業是核心引擎；精緻的產品、完整的服務、動人的故事則是發展文創產業的必要條件。臺灣過去已有相當精彩的個別性創意設計或藝術展演實力，但相較於英美或韓國，欠缺完整的產業發展系統布局。

政大已有一條頗具規模、基礎穩固的文化創意產製鏈，在產業上游，有文學院、外語學院從事文學創作與跨文化研究，負責發想好故事、說好故事，並培養華文人才，銜接華人文化圈與世界；中游

有傳播學院，負責資訊傳播與廣告公關，可將好故事敘述、包裝、傳佈，藉以拓寬產業路徑並提高曝光率；下游則由商學院行銷好故事、分析故事的產品力、找出故事賣點，成為消費者願意購買的商品。而產業規模越大，企業管理、財務管理、風險管理、人力資源管理等學門也須進場，串聯產業關節。

當故事變成商品之後，法學院、科技管理與智慧財產研究所則可協助專利申請，保護好故事不被剽竊、複製。如此精細的產業分工，只有政大擁有。

創新與創造力研究中心秉持完整紀錄臺灣創新歷程的使命，投入在地化文創脈絡研究，長期關注宜蘭創意城鄉發展，吳靜吉教授指出，「宜蘭就是一座極具在地特色的博物館」。宜蘭經驗被不斷被談論、評論、傳頌、再創新，再加上各種活動和展演支持創作者，設有多元仲介、經濟機構，共創適合文創產業發展的生態環境，因而吸引大量觀光客，創造「需求」與「供給」的正向循環價值鏈，促使產業越來越壯大，在宜蘭打造獨特的文創城鄉成功方程式，是相當代表性的案例，正符合中心倡議的「以人為本、在地創新、共創價值」的創新觀點。

創新與創造力研究中心表示，深具臺灣島國特色的創新發展經驗，是吸引國際目光或從事跨國創新比較研究中很重要的參考模式之一。唯有從系統的制高點從事研究，提出政策論述，才能孕育改變文化以及創造產業的大創新。

◆人文社科的社會影響力

公共政策論壇　發揮大學影響力

臺灣的學者需要理性溝通的平台，得以集中對公共議題上的意見和主張，才能對國家發揮更好的影響力。

有鑑於此，民國九十五年八月就著手籌組成立跨領域的「公共政策委員會」，透過舉辦「公共政策論壇」，邀請專家學者、意見領袖、各界代表針對各類重大公共政策議題進行交流。目的在於群策群力，發揮影響，以相關研究成果為基底，透過產、官、學界的正面互動，為重大公共政策研擬與規劃、執行、評估的政策過程提供建議，並進而引導社會發展，勾勒出政府、產業與社會未來發展的理想藍圖。

「公共政策論壇」有「高等教育系列」、「人文關懷系列」、「財經系列」及「國家競爭力系列」四個系列，議題選擇不只關心在地人文，也貼近國際脈動，如「高等教育系列」廣邀教育部、各大專院校師生參與，主題擴及高等教育改革與學雜費自主調整、學位學程、跨國雙聯學制、產學合作、創意人才發掘及學位、學程、師生評鑑等教育議題；「人文關懷系列」則因應世局時事，深入探討臺灣當下媒體造成的各種現象、大學的社會參與、災害管理政策、有機城市及倫理宗教等生命議題，希望發揮本校人文社會科學特色，透過討論，有助於提升學術機構對於社會的關懷和參與，並協助政府強化組織應變能力；「財經系列」則討論全球景氣衰退、賦稅改革、青年就業、災後重建等民生、財政議題；「國家競爭力系列」關心文創產業發展、健全房地產市場、外語政策、數位圖書館服務及智財權保護等主題。

「公共政策論壇」一直致力於成為社會溝通公共議題的平台，以期能引領國家政策的發展模式，提供一個更能貼近人民需求的政策制定機制，

願景二〇二五　遇見未來

全球金融風暴肆虐，臺灣並未倖免，初出校園的社會新鮮人面臨高達六％的失業率，在困頓的生活背後，更隱伏著無法想像的未來。我們認為必須給年輕人一個希望，但不是救濟。因此，政大和工研院、資策會於是共同啟動「未來力實驗室」，以西元二〇二五年為想像，推動「願景二〇二五：打造臺灣產業未來力」計畫。

前傳播學院院長鍾蔚文表示，處於這不確定的十年，難免感到徬徨，但他強調年輕人應該利用不確定，而不是害怕不確定，將想像化為實踐。

願景二〇二五計畫號召了近百位年輕世代，在政大、工研院、資策會和各界專家學者的帶領下，用一年的時間掃瞄環境、探索產業，發現未來的線索，在理性基礎上大膽想像，勾勒出「天機產業」、「綠色產業」、「健康管理產業」、「銀髮產業」、「都會觀光產業」、「品牌學習產業」、「流行音樂產業」、「快樂生活產業」、「感官產業」、「愛的產業」等十個未來產業範疇，並透過票選活動，「綠色規劃師」、「愛情分析師」和「銀采樂高城」奪下最熱門行業前三名，顯示目前臺灣民眾對於環保、感情需求和老齡照護的熱切需求。願景二〇二五計畫指出的產業視野，獲得時任經濟部次長黃重球的肯定：「願景二〇二五計畫從生活角度出發，突破了傳統限制，為臺灣產業注入需要的軟實力。」

計畫特別之處不僅在於希望打破以技術分類產業的框架，更希望對於產業的想像能夠突破文字，

願景 2025 計畫中，未來力實驗室啟動，學員們向各界專家學習，想像西元 2025 年的社會樣貌。

運用影像，體驗未來，並透過多媒體敘事的過程反覆檢視該項未來產業的發展和可行性，一如吳忠華校長說的：「把未來拍給大家看！」

這項計畫儲備人才資本、累積知識潛能，也勾勒出臺灣未來的產業面貌，以創新觀點重新檢視臺灣產業的發展與未來。我們相信，這不是結束，而是政大的一個開始，政大創立方和創意實驗室隨之展開，希望一起跟學生跟新創業者改變自己、改變臺灣。

創立方　創意有方，人才無價

許多大學都設有育成中心，主要是科技導向，以提供設備為主，但隨著微型創業風潮興起，多數創業者在創業初期期待的反而是有一起激盪的夥伴，以及適合的工作空間。

民國一百年七月在公企中心成立臺灣第一個共同工作空間——創意創新創業交易所，簡稱「創立方」，提出一張桌子也能創業的號召。創立方在短短一年，進駐創業團隊數量從十二家躍升至八十七家，成長了七倍，總進駐創業家人數突破一百五十人，也帶動臺北創業圈的風氣。公企中心強調，共同工作空間並非只是分享「勞動場地」，更不是一群人在同一個空間裡各忙各的，而是具備一加一大於二的潛能。就物質面來說，除了擁有自己專屬的位置，無須排隊或等待，就精神面來說，無論是靈光乍現的快樂時刻，或是殫思竭慮的苦惱無助，都能很快在週遭找到同氣相求的夥伴。

創立方作為臺灣第一個共同工作空間，同時也是目前最大的實體創業社群，成立之初，首要任務便是讓校內行政同仁知道共同工作空間是什麼，以及對於學校來說，支持草創蒙昧的創業家有哪些重要的意義，接著要想辦法活化公企中心舊有的教室、研究室空間以及課桌椅，改造成為帶著校園氣氛的辦公空間；最後則是努力讓社群裡的人才、資源持續活絡，維持社群裡的活力——這些議題在傳統學校環境裡，都是一大挑戰。

公企中心主任樓永堅表示，中心過去五十年開創臺灣企管教育先驅，開設企家班、開辦 EMBA，如今創立方又再一次引領育才新浪潮，若將育成中心比喻為養殖漁業，那創立方則是生態園區。創立方的下一步將以 Hub D 走入校園，以研究總中心為基地，點燃學生創業火花。

烏來樂酷，社會實踐與學術創新

有人認為大學是精緻的象牙塔，塔外的天空叫社會，天與塔緊密鑲嵌，彼此卻淡漠得像兩個世界。以人文社會科學學科為主的政大一直想改變這種偏見，認為大學的知識創造本就走在社會的道路上，並透過篤行檢證其有效性。這是學術的理念，更是學術的責任。

民國一〇一年，政治系湯京平教授出任主持人，吳思華校長親自主持兩次講座教授諮詢會議，並在頂尖大學計畫辦公室王振寰執行長與民族系王雅萍教授的協助下，選定鄰近政大的烏來地區作為社會實踐的基地，推出「烏來樂酷」計畫，成為少數通過科技部「人文創新與社會實踐專題研究」大型計畫的學校之一。

烏來樂酷團隊表示，烏來的泰雅族承受所謂的「資源的詛咒」。無論早年的林木與水力，或是近年的溫泉觀光，都因鄰近臺北都會區，遭外部資本大舉進入，使得泰雅族人反而喪失豐富資源的主控權。而在翡翠水庫竣工後，又因被劃設成水源保護區而發展受限。「烏來樂酷」計畫從過去許多原住民地區的社區營造經驗出發，希望找回泰雅族人的特質、自信，推動異於主流市場經濟的另類發展模式，並在多元經濟概念下，讓社區經濟與主流經濟保持若即若離的關係。進而隨著異族生態觀光（ethno-ecotourism）日益為市場所接受，協助部落自覺地拒斥外來資本的制導，透過集體行動來守護保留地，同時在振興文化的前提下創造更多觀光資源，設立公平的分配制度，使部落族人均霑發展的利益。

計畫展開之後，龐大的工作團隊從烏來的福山部落開始推動社區營造，先由族語教學、織布工藝以及生態社區營造等與居民息息相關的面向入手。也在校園內推動「泰雅學」，讓師生對泰雅文化產生興趣，以確保源源不絕的師生人力能夠投入到服務烏來的行動中。

團隊成員王雅萍說，烏來區距離臺北市很近，未來具發展全族語教學的空間，但也是語言流失最快的地區。期待整合政大資源，透過計畫努力讓烏來區成為都會區學習生態環境、歷史文化的後花園，更是延續原住民教育的關鍵。

政大出版社，樹立一流大學指標

一流大學一定有一流的大學出版社，它是大學學術卓越的指標之一。

九十六年八月學校成立「政大出版社」，由校內外專家學者組成出版委員會，林碧炤副校長擔任召集人，綜理出版社營運方向，下設「人文」、「社會科學」、「商管」與「法學」四大學門編輯委員會，堅持嚴謹的學術專書審查，出版一流品質的學術專書，成立六年多的時間，有五十餘本學術專書出品，多次獲科技部、法國在台協會等機構的出版經費補助，亦由行政院新聞局薦選參加法蘭克福國際書展，讓政大的學術表現在不同的國際場域曝光。

民國一百年起，政大出版社在思源學術基金的支持下，出版兩岸四地博士獲獎的論文，民國一〇二年在教育部的支持下，政治大學及臺灣大學、臺北藝術大學、中央大學、清華大學、交通大學及中山大學等七所國立大學的出版單位，首次以「國立大學出版社聯展」名稱，參加第廿一屆臺北國際書展，共同擴大學術出版品的影響力，之後更聯手走出臺灣，前往香港國際書展、美國 AAS 亞洲年會書展，進一步提高臺灣的大學出版社在國際出版界的能見度。

面對全球化下亞洲高等教育的挑戰，政大出版社總編輯劉維開表示，除了中英文專書外，出版社也整合政大廿三種外語資源，像出版由土耳其語文系多位老師合著的《土耳其語聽力與詞彙教學》，是臺灣難得專為以土耳其語為外語的學習者設計的教材。也將與國際知名大學出版社合作出版政大中華人文英文叢書計畫，以建立華人在學術與教育的主體性，掌握華人學界對中華文化與人文精神的解釋權。

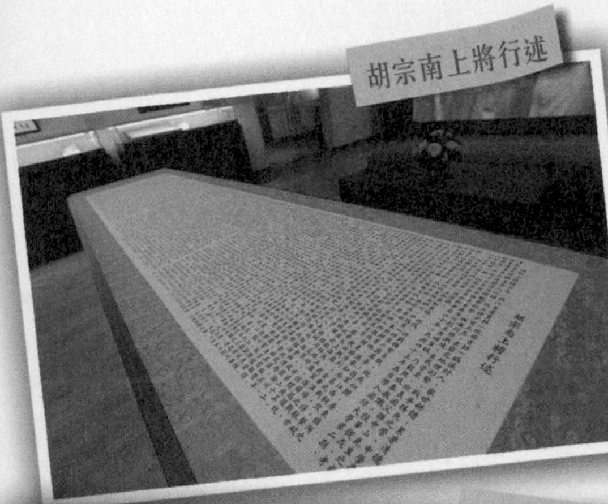
胡宗南上將行述

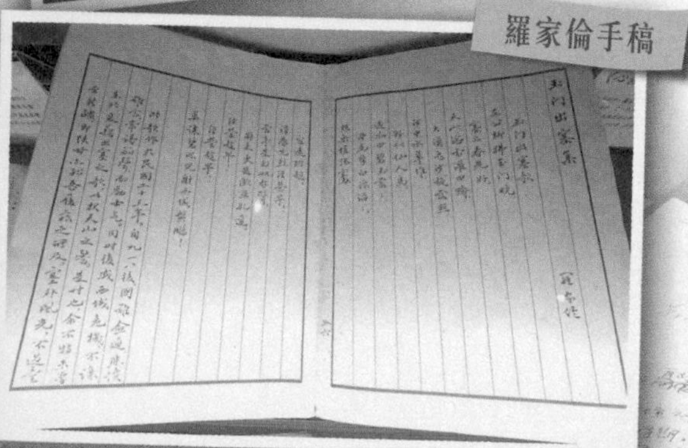
羅家倫手稿

陳芳明手稿

健康品味大學城

創意空間，優質校園

政大走到今日已度過一甲子的歲月，校園裡的每棟建築物、每個角落都累積了自己的歷史，從山下的圖書館、商學院、高聳的雙子星大樓到位於半山坡的傳播學院，道藩樓至山上的藝文中心和自強宿舍，標竿建築物是學校精神表徵，師生共同的記憶。然而在記憶中的校園，在物換星移中，也要隨著時代有所創新，創造更多安全舒適的空間，讓師生得以駐足對話，交流創意。於是，政大開始整修老舊宿舍，建蓋新宿舍，讓宿舍成為學生真正的家，一個生活的空間，學習的空間，正所謂生活即學習、學習及生活的全人教育。我們更充分利用過去老舊的閒置空間，讓空間重現新生力量，無論是在校師生，畢業校友，走進政大校園，得以符合當下的需求，也會找到自己的回憶。

宿舍新妝，溫暖朗亮

進入廿一世紀，政大花了一番心思打理老舊建築，以新觀點重新定義設計，為陳舊空間召喚全新的活力生命。校園中往來的師生有了更多足以停下腳步，或安頓其間、或交流對話的地方角落，人與人之間乃有更多交集可能。人群因停留佇足而開展對話，因對話開展而迸發各種現下意想不到的創意點子、思考火花。大學之大，原本該有足夠空間從容容納各式各種埋首苦讀以外的臨時起意、鮮活計畫。

時移世異，政大重新思索了關於「居住」的定義。居所，除了遮風蔽雨，可以寄寓更多可能的想像嗎？宿舍，如果更有色彩、更有個性、更像家，會更合適學習與安居嗎？諸多「把宿舍變得不一樣」的點子在千禧年前後逐步轉動起來。

民國八十九年小型整修工程在暑假展開，先分階段修補建物的老舊結構，直到民國九十七年，大型整修規畫正式啟動，在每一年的暑假——九十七年莊敬三舍、自強九舍，九十八年莊敬二舍、自強七、八舍，九十九年自強五舍，一百年自強六舍，直到一〇一年莊敬一舍——宿舍換上全彩新妝，九月歸來的學子發出一聲聲讚嘆「哇，真的不一樣了耶！」

「溫暖朗亮」是廿一世紀「莊敬」、「自強」的居住新哲學。莊敬二、三舍不再是斑駁枯黃的素顏，橘、黃、藍、白的線條不按牌理出牌，寫意鋪陳，自在安置。莊敬一舍不再被委屈侷限於框框之內，圍牆拆除，空出大片的如茵綠地與寬廣走道，宿舍裡外都舒了一口氣，枝葉婆娑的大榕樹得以自在伸展。

山居歲月，家的感覺

搭乘水岸電梯從藝文中心出來，迎面而來的是國際大樓，很多初到政大的人都不知道這棟大樓後方藏著一座透明電梯，對於住在山上宿舍的同學而言，這部電梯為大家節省了不少力氣和時間，回宿舍的路不再是長途漫漫。

進入國際大樓電梯，按下五樓鍵，門一開，踏上步道就來到鐵灰色外牆的自強十舍，這棟於一百年十二月落成的宿舍是政大目前最新的學生宿舍，由四棟圍成口字型的宿舍間有個空曠的中庭，天氣晴朗時常見許多人坐在中庭裡曬太陽，享受片刻的悠閒。雖然自強十舍較偏遠，遠離山下熱鬧的街區，但是四周青山環繞，陽光灑落中庭，給同學一個更明亮的住宿空間。

自強十舍由四棟六層樓的建築物組成，只有雙人房和單人房，有別於學校宿舍多半四人房的規劃，十舍讓住宿空間變得更大，從房裡望出去，景美溪畔的美景盡收眼底，夜幕低垂時看著華燈初上的臺北盆地，又是一番景象。宿舍每層樓都有交誼廳和學習室，考量到住宿同學的飲食需求，交誼廳內也設置冰箱、烤箱、微波爐等簡易設備，每當同學們在此吃飯、聊天，或在露台上吹風看夜景，宿舍就不僅僅只是一個住宿的地方，更多了「家」的感覺。

要是熬夜念書需要補充糧食，地下一樓還設有廿四小時的便利商店，裡頭擺放了數張桌椅，許多人常坐在裡頭邊吃消夜邊討論功課。宿舍另一端還有個大型交誼廳，設有沙發座和電視，宿舍管理委員會也常在此舉辦活動，讓住宿生有更多交流的機會。每逢期中、期末考，山下的中正圖書館總是一位難求，因此在十舍大型交誼廳旁有一間自習室。

山上校區有六期運動園區，自強十舍也規劃了健身房，從早上八點到半夜十二點，經常一大早就看到有人使用跑步機，到了晚上更是熱鬧，幾乎每台運動器材都有人使用。

樂活山居　來杯八元咖啡

而原本總是空蕩無人、陰暗無用的自強九舍地下室，在整修前，這裡僅擺放著幾張乏人問津的乒乓球桌、天花牆角則佈滿蜘蛛絲。但自九十七年起搖身一變裝修成為「山居學習中心」，現在每天吸引許多學生來到這片溫馨園地，使住宿空間融入更多生活與學習元素。

走進山居，暖洋洋的木頭色光線和輕柔音樂流瀉在空氣中。服務區中，親切的「樂山人」（山居服務人員）隨時駐點服務。往右走，茶與咖啡的空間提供多樣化自助式飲品。課輔區內，碩博士學長姊負責課業輔導。脫去鞋，踏入閱讀區，寬敞的沙發座讓你舒服地一口氣讀完一本好書。在多功能研

進入廿一世紀，政大花了一番心思打理老舊建築，以新觀點重新定義設計，為陳舊空間召喚全新的活力生命。

討室、木地板教室、啃書室裡，可席地而坐，或小組討論課業，或與好友閒聊，都是絕佳享受。

如果從安九食堂區進入，會發現福利社和阿福早餐店中間的玻璃門上寫著詩句，這個獨特的「玻璃詩」是出自書院專案助理俞萱妮的構想，喜愛逛獨立書店的她發現書店的門上都寫著詩句，因此她把這個巧思也用在山居中心的門上，讓中心更多點文藝的氣息。

當然在這麼令人放鬆的空間裡看書，咖啡是不能少的，中心在吧檯設置了「八元咖啡」，這定價乍看讓人匪夷所思，其實這是為了讓同學們拿出十元買完咖啡後，有零錢可以坐校車下山上山；吧檯採自助式服務，自己動手煮咖啡或泡茶，喝完了清洗杯子，許多外籍生還會帶來家鄉當地的咖啡豆與大家分享，每禮拜一到三的晚上則有咖啡社的社員在此駐點賣咖啡，無疑是政大校園中的另一個「City Café」。

山居學習中心提供山上住宿同學一個獨特的賞學空間，更是遠離家鄉、出外求學的同學們另一個自在又溫馨舒適的家。

宿舍起筆，指南山下的故事

當宿舍變溫暖，有了「家」的味道之後，大伙兒自然喜歡待在裡頭。宿舍現在不只有桌有櫃有床，還有廚房、冰箱，有微波爐、電鍋、烤箱，讓居處其間的學子可以自己料理早餐，豐足開展晨光。「莊敬」、「自強」原來也可以有溫暖幸福的形式。住宿，不僅是刻苦自礪的鍛練，而是一回質感生活的美好經驗。

人心溫暖了，各種人文互動的能量也就充盈起來。各個宿舍的宿服會不再只是糾舉督察的幹部，而是一群對政大居所有想像力的人才集結。公共空間隨處可見貼心情境布置，提醒小語常令人會心莞爾。冬至時節暖胃暖心的湯圓大會尤其熱鬧，聽說自強九舍還有「夜市」可逛！近年麻油雞的冬令進補堪稱設想周到，「文化舍區」則隨時滿駐緊盯戰況、隨NBA職籃或是棒球轉播又喊又叫的運動同好。

滿懷學習熱忱的學子把各色「課程」直接引進宿舍，無論簡易水電修繕或晨間瑜珈都別開生面。民國九十八年第一回嘗試開設「晨間瑜珈課」，招生廿五名竟吸引上百人報名！週二清晨六點半，學子相約宿舍韻律教室做運動，一個個興致勃勃。隔年，這堂另類課程開設為正式選修學分，打通宿舍與課室的樊籬，同時突破大學生萬難克服的「早起」罩門，成為炙手可熱的搶手課程。

當「莊敬」、「自強」重新定調了指南山下的安頓形式，每年從宿舍起筆的政大故事，驚喜迭迭。

校長之家，心靈休憩的秘密基地

學子在宿舍得到家的安頓，偶爾青年時不時跳動的心靈，也需要專業的陪伴與開導。藏身於新光路道南新村曲折而僻靜的巷弄之間，是一個提供政大師生舒適休憩的悠閒角落。兩層樓典雅建築靜靜守侯，遺世獨立的寬敞庭院總有陽光暖暖灑落，門前十公尺高的大榕樹像永遠開展臂膀的巨人歡迎著你的歸來。

「校長之家」最先其實是校長職舍，民國五十三年十一月落成後，先後有前校長劉季洪、李元簇、陳治世、張京育、鄭丁旺等在其間居處，前校長鄭瑞城並未遷入，將職舍用來當作接待重要貴賓的會所。

九十五年夏天，吳思華第一次在學務座談會提出願景，希望把政大打造為東方哈佛，並邀請眾人一起思考想像可以賦予這個閒置空間什麼樣的新生命？恰恰當時的心理諮商中心（現為身心健康中心）既有空間狹小、建築老舊而改建不易，影響學生求助意願，心諮中心主任修慧蘭正積極尋覓新的諮商空間。何其巧妙的因緣！校長與心諮中心的願景想望完美嵌合，於是政大歷任校長職舍開始整修規劃，設計造景充滿人文美感，成為政大溫暖舒適的心理活動空間。

校長之家保留既有格局，以「覆蓋替代破壞」為整修訴求，在不改變既有空間特色的前提之下，添加環保綠建築的理念，以期達到永續節能的效益，使人文與自然舒適相應。走訪其內，木質地板、碎花窗簾、純白桌椅，加上地毯、抱枕點綴，空間便溫暖了起來。一樓寬敞無隔門的木地板，有的是可以自在翻轉打滾的舒適角落，定期舉辦小型電影賞析、團體輔導、工作坊。二樓也以純白色調為底，設計規畫為溫馨的小型諮商室，院導師與導生可以自在於此秘密基地交流談心，為政大持續建立的專業輔導系統，諸如院心理諮商師、院導師及宿舍導師、職涯輔導等等機能提供舒適空間。

就這樣，「校長之家」成為心理諮商中心的新據點，而在注入「家」的溫度之後；到「校長之家」，就像不管什麼時候，想要回家就回家那樣簡單而又理所當然。

由於心理諮商中心離政大校園有一段距離，於是接連推出系列活動與宣傳。DIY 製作的「校長之家」Logo、紀念徽章、明信片點滴形塑地方特色與情感認同。「尋找校長的家」、「開幕電影週——與心理師下午茶有約」、「犬心犬意的陪伴——認識導盲犬」等系列活動一個個別開生面，教人欣喜。在乎它的師生團隊善用「校長之家」環境特色，並結合現代心理學治療取向，將心理衛生系列活動重新包裝。「校長之家」也漸漸為人所知。

水岸咖啡

心靈獲得安撫，在水岸與光舍品嘗美食也是一大享受。藏身宏偉行政大樓大門入口左側，民國九十二年先由教授休息室改為教職員餐廳，九十四年再由游本寬教授進行空間改造，原本質感的概念初具，九十六年在「大學城校園整體規畫」的計畫之下，透過網路訪得理念相通的「水岸咖啡屋」進駐經營，提供更多樣化餐飲及精緻化服務。全以原木質感家具打造，留有寬廣走道。空間設計簡單而風格獨具，座位選擇融合中西式設計，體貼而多元，優雅方桌區、圓形吧檯區、木地板平臺區，一個可以用餐喝咖啡，也可以單純歇歇腳、看看報的心靈舒放空間，是教授休息室的升級版。

水岸咖啡就近為行政大樓裡竟日公務忙碌的行政人員在例行公事之外開一方不受常規拘束的休憩空間，而其他政大師生，自可同享其「閒」。水岸總有中外報紙可以閱覽，學校同仁進入可選擇點餐消費或純粹休息閱報，既是有質感的閒適空間，每日烘培咖啡堅持新鮮，從進口生豆到精緻烘培，供應來自世界各地、直接銷售不經中間商的高級咖啡。簡餐、沙拉、烤餅全以健康為原則。

而今，政大水岸咖啡已小有名氣，造訪的賓客除了政大師生，也來自外縣市、大陸或異國，在行政大樓古老典雅的八角窗裡，一品指南山下的水岸悠閒，與政大接觸、交流，為空間透射出更多重層次的生活美感。

不只水岸咖啡，藏身圖書館旁、學生用餐基地的憩賢樓二樓的政大光舍，民國一〇一年夏天正式開張。光舍經營者是年輕的政大校友，取名光舍，因為政大人文薈萃、培育人才在社會上發光發熱。光舍，便是聚合思考、儲備來日光點能量的作夢基地。

走訪光舍，空間寬敞，玻璃窗迎入綠意生氣，經典米白色搭配淺色木質家具，色彩、材質都很純粹，半開放式廚房打破賓主藩籬，可見陽光或吊燈的光影隨興在室內映照成趣。桌上餐具精緻，隔間自由開放，二、三人小聚可，十人、八人開個小組會議、開個導生宴也沒有問題。老師學生可以在這兒激盪靈感、侃侃而談、相互加油打氣，席間，有粉紅豹、航海王等創意餐點補充能量，有杯裝濃湯、木盆沙拉挑戰想像，興致來時，還可試試生機盎然的盆栽冰淇淋，以及各式色彩繽紛的蛋糕西點。

水岸、光舍鋪排了指南山麓、醉夢溪畔的閒暇浪漫，行旅政大校園，讀書之外，還能尋得一個有質感的安靜角落，觀看城市、品賞生活、與人與書對話，或者一個人發呆。

漫步水岸，大學好時光

政大的山上和山下校區彼此需要更多連結，除了校內公車、楓香步道之外，水岸電梯則是「垂直」連接了山上與山下。

民國一〇一年十二月，水岸電梯正式落成，過去住在景美溪畔的居民若要到政大來，大多走恆光橋從後門進入，水岸電梯則增加了一條到政大的捷徑，也多了一個欣賞河岸風光的去處。透明電梯緩緩上升，景緻也在眼前變化：溪畔的白芒花與綠草地有水鳥自顧轉頭覓食，蜿蜒的景美溪在夕陽餘暉下波光粼粼閃動，教室與樓房連成一氣，道南橋畫出了水平線，遠處的一〇一大樓成了最後的一筆點綴，水岸電梯是欣賞這幅臺北城南美景的首選。

自強十舍。

政大後山，景美溪畔的水岸黃昏。

水岸咖啡。

宿舍開辦瑜珈課廣受同學好評，早起運動也不嫌累。

但是，在推行新動線之始，也曾引來各方對電梯必要性與路線規劃的討論，有讚美、有批評，有取景電梯景觀拍攝婚紗。面對水岸電梯的諸多疑慮與建議，我們透過校園新聞採訪、校訊專題報導、電子報發行等方式宣傳規劃內容與回覆建議，力求資訊公開與擴大宣傳效果。

電梯基座的外牆是校友楊慰芬捐贈的回收光碟片所設計的裝置藝術，沿階梯往上走，感恩印記高低錯落自成一格，設計概念來自活字版印刷術，記錄著五百多位校友涓滴成河之力，這項募款計畫也成為校友共同建設校園，串連政大傳承精神的創舉。（照片請見〈補給〉篇第二〇六頁）

此外，由主秘李蔡彥、總務長蔡育新共同主導，秘書處、總務處與學務處藝文中心、學生會等跨單位組成的校園水岸活絡專案小組，促成了一連串改造水岸方案，其中募集自行車提供師生於校園內接駁、遊憩使用等廣受好評。原來在山上、山下往返接駁的大眾交通工具是被師生暱稱為「小粉紅」的粉紅小巴士，五到十分鐘一班，在上課的尖峰時刻等車處都是大排長龍；後來，校園裡出現了新的交通工具「FREEBIKE」，讓使用者能更機動地穿梭於指南山下和景美河畔。

單車進行曲

一〇三年十一月底，FREEBIKE 上路，這是政大綠色運輸校園自行車計畫第一步。由康美企業社熱心捐贈的四十部單車，經過百位師生彩繪變妝後，紅白相間、各有特色的單車正式上路。

過去囿於山下校地幅員有限，騎乘自行車悠遊校園的身影並不多見，FREEBIKE 在校園裡提供接駁與遊憩服務後，自由取用的使用方式，考驗著師生與社區居民對維護公共物品的公德心。計畫開始之初，校園反應熱烈，負責維護自行車的駐警隊同仁經常得指引同學前往熱門停車點取車，又因騎乘自行車風氣漸開，甚至時有耳聞 FREEBIKE 出現在臺北市其他地區的蹤跡。

除了 FREEBIKE 之外，在總務處規劃組積極爭取之下，位於萬壽路頂好超市對面的 YOUBIKE 政大站也於一〇三年一月底啟用，臨近景美區也將陸續設置 YOUBIKE 站，從 FREEBIKE 到 YOUBIKE，自行車把校園內外連結了起來。

水岸球場及六期運動區

政大的運動場地多在山下校區，每到傍晚，學校操場上

都有許多人在慢跑，球場上、體育館內也有校隊成員三兩成群，揮汗練習。各系所幾乎也都有自己的球隊，為了練球，同學們常常在下課後爭先恐後的衝往球場佔位。

為了紓解運動場地不足的問題，學校在體育館及田徑場旁原有的水泥地上，再闢建了綜合球類練習區（含排球兩面、五人制足球一門共用、鬥牛士籃球場一面）。此外，自強十舍設有小型健身房，學校還規劃在山上建造六期運動園區，從自強十舍出來後向左沿著環山道一直走，沿途會經過研究總中心、樟山寺平台，看到平台後再往前走，下了階梯後就是六期運動園區了。

園區內有分為多座戶外球場和滑翔翼造型的構拱形運動館，但是六期運動園區的位置較偏遠，導致使用率不高。為了改善交通問題，學校另行規劃公車路線，每廿分鐘就有開往運動場的校車，方便師生使用。

除了在校內闢建球場，學校旁的河岸公園也有水岸球場，臺北市政府近年來興建許多河濱公園，也把空間規劃為多種球場，政大旁邊就有一座「道南河濱公園」，以恒光橋、道南橋、萬壽橋做為連接橋樑，經過河川行水區美化工程後，視野變得開闊，公園內綠意盎然。除了原有的寬廣花園、親子遊樂區、涼亭步道、自行車道外，政大還在河岸設置了三座籃球場和一座紅土棒壘球場，每到假日常有許多運動比賽在此進行，吸引了不少民眾。為了維護場地，學校向台北市政府水利工程處認養球場，協助修繕場地設施。

圖書館新風貌

正所謂三日不讀書，面目可憎，滿足了食衣住行的需求，更不能忽略學習知識的最大重要性。中正圖書館在民國六十六年落成時，是全臺最大的圖書館，陪著莘莘學子走過卅七個年頭。隨著 E 時代的到來，對資訊的尋求也有了相當的改變，圖書館的角色也有了改變。

為了因應時代的需求，圖書館於民國九十五年開啟六年逐步的更新與改造，首先是外部的形象設計，將政大所有各系所的名稱及成立時間刻在大門外的廣場，以圓形的時間軸象徵學習與知識追求的生生不息，同時也將圖書館的外牆重新粉刷，賦予老建物新面貌。在內部整修上，一樓設有數位資源學習區，以數位影像的形式讓更多的圖書資訊在師生之間交流，是館內人氣最旺的地方；地下室內自修空間規劃為廿四小時開放，並備有電子化選位系統；二樓服務櫃檯改為經典閱讀區，舒適的沙發、圓桌和溫暖的黃光營造出一股慵懶的氛圍。

中正圖書館的一樓大廳放了一座蔣公銅像，此外並無他物，氣氛肅穆。經過更新之後，銅像兩側設了木桌、高腳椅、坐墊，許多同學在此駐足討論、進行語言交換。

在外部整修上，圖書館的外牆全面換裝大片玻璃窗，視野開闊，景觀優美，在二樓北側面商學院、三樓南側面醉夢溪山林、四樓西側面行政大樓等處，設置高腳桌椅，為同學開啟另一扇可以沉思與遠眺的窗。

在圖書館裝修施工期間，圖書館館員每日從書庫抽出讀者調閱書籍，送至樓下辦理借閱，後來遇到電梯因施工之故停用，便以人龍方式逐層運書，讓書籍能更有效率地歸回架上，使讀者可立即借取書籍。等到圖書館裝修完成，發佈開館公告之後，又以人龍方式從商學院圖書館把原本

中正圖書館

圖書館大廳前同學與蔣公一起讀書。

I House 接待來自世界各地的學生。

校園中友善的流浪貓。

政大校園專用「FREEBIKE」。

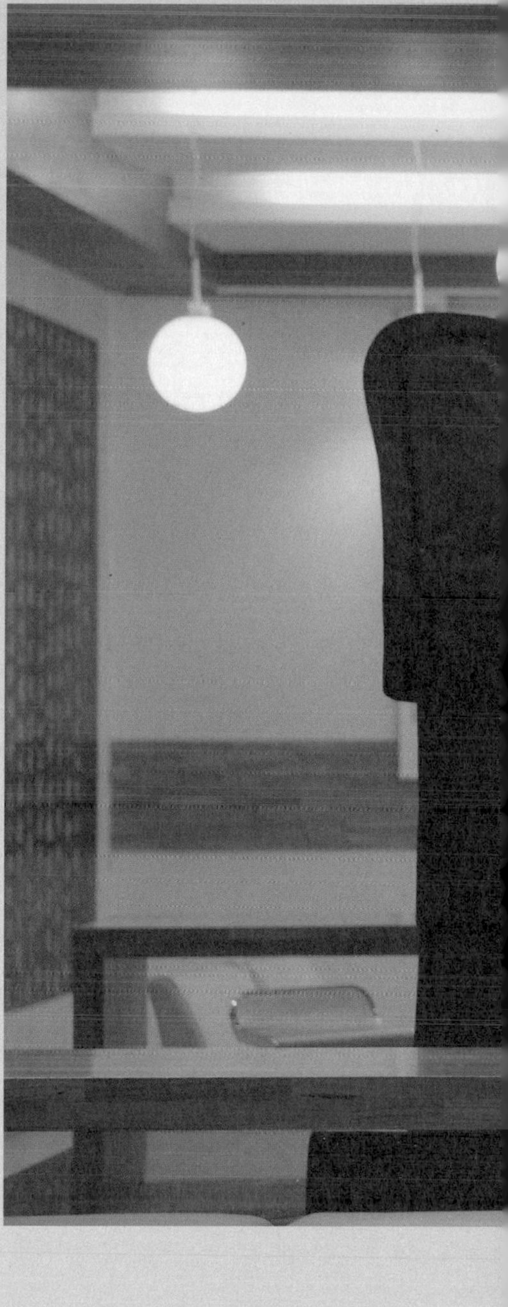

暫放的書籍運回總館，在早已練就駕輕就熟的身手之下，上千冊的大量書籍在短短卅分鐘內即搬運完成，完成浩大的任務外，也留下大夥一同完成的難得經驗。

在這六年中，整體裝修透過裝修和擺設營造開闊又匯聚人氣的意象，中正圖書館經歷了一場蛻變與重生的儀式，重新塑造了一個光影與綠意交錯的閱讀空間，以新貌再現風華，正如館長劉吉軒所言，圖書館歷時改造正是「眾志成城愛政大」的結果。

I House You House——政大就是你家！

「每個人都是一個種子，我們應該讓這些種子回到自己的國度後，將自己的能量繼續傳播下去，」I-House 餐廳蔡老闆說。

座落於新光路一段六十五巷的國際學人暨學生會館（International House），簡稱 I-House，前身是前校長李元簇的官邸和化南學人宿舍，九十五年前校長鄭瑞城向教育部提出 I-House 興建構想書，九十七年起進行改建，重新規劃外觀和內部空間，民國九十九年十二月舉行落成典禮後，原本灰暗破舊的老宿舍變為一棟簡潔典雅的建築物，開始以嶄新的面貌接待來自世界各地的學生及學人。

新建完工的國際學人暨學生會館為地下兩層、地上七層建築，其中二至五樓為學生宿舍，六、七樓設置學人會館，供客座教授或訪問學者住宿。學生宿舍部分，共有二十間雙人房及四十間單人房，除了交誼廳、多語視聽室等公共空間外，也針對國際學生的需求提供多語頻道收視，除此之外，I-House 更是校內第一間具備簡易廚房的宿舍。

一〇二年 I-House 在宿舍一樓開張，對文山人而言它或許是路上隨處可見的小餐館，對外國學生而言它不僅僅是一個用餐的空間，還是一個心靈的寄託。I-House 內的學生大至分為兩種，一種是來臺灣短期居留，體驗生活，另一種是來拿學位的，每天看著學生們來來去去，歷史系畢業校友、餐廳主人蔡老闆因地緣之便就熱心幫忙照顧外籍學生，與他們形成一種「亦師亦友」的親密關係，為了促進學生的交流，他不定期地在餐廳內舉辦小型活動如電影播放、音樂會等，更將廚房開放，讓兩位來自御膳閣和福華飯店的人廚幫學生料理自己的家鄉菜，舉辦「Cooking Party」，美食往往是最好的外交工具，讓這些異鄉遊子能一解鄉愁。

I-House 一路走來並非一帆風順，在成立初期，社區與 I-House 內的學生間因生活習慣和風土民情的不同屢屢發生衝突，雙方的關係一度很緊繃，經過溝通後，學校針對居民的抱怨採取措施，每學期初的住宿說明會會對學生宣導住宿的安寧，也加裝窗簾、管制關大燈，若是遇到 I-House 在夜間辦活動，餐廳的蔡老闆甚至自掏腰包買音樂會的票請附近居民「暫時」離開，讓他們不會被活動的喧鬧聲打擾，學生們也能玩得盡興，雙方都能度過一個美好的夜晚。在國合處和蔡老闆的居中調解下，I-House 與社區居民間的關係逐漸改善，原本過去一天平均都會接到五通檢舉電話到後來一整年只接到一通檢舉電話。

現在 I-House 內不定期舉辦教學活動，由社區的里民來教授書法課，節慶時里民也會邀請外國學生一起過節，帶他們深入認識臺灣文化，也加深彼此情誼，把這裡當成是自己的第二個家。在推動校園國際化的過程中，除了藉由教學吸引國際人才，生活環境和人文氛圍也是很重要的一環，誠如校長吳思華的理念「讓 I-House 不僅是校園的宿舍，也是社區內的重要資產」。

沉靜的守護者，校安資訊中心

為了更完全且即時的掌握校園實況，民國九十七年成立校安資訊中心，首先在各角落增設監視器，擴充了兩百多個緊急求救鈴的發報點，室內求救鈴多分佈在綜合院館和宿舍這幾個學生最常活動的地方，同時考慮到山上住宿同學夜歸安全，也在通往山上宿舍的國際大樓周邊走道和好漢坡設置室外求救鈴。另外，新蓋好的自強十舍外還多了緊急對講機，讓同學一旦遇到危險就能立即向校安中心通報。

政大的山上宿舍因位置偏遠，學生必須上山，因此大家暱稱遠在天邊的山上宿舍為「布達拉宮」，住的都是男生。自從九十七學年度正式啟用政大書院之後，為了讓大一新生的學習和住宿環境融合在一起，因此把山上宿舍區規劃為大一住宿區，山下部分女生宿舍也遷移至山上，這項政策讓女同學擔心起晚歸造成的安全問題。為了讓同學安心，政大制訂了一系列的政策，學校設立巡守隊，在晚上十點至十二點間執行巡視職務，更請校內的駐警衛隊提供夜間護送服務，夜歸女學生可以直接到校警隊報到，集結成隊之後再一同上山，不過這項服務實施至今，尋求護送服務的人數寥寥可數、反倒出現過幾次是男同學跑來請求協助。另外，政大特別設計了兩條安全走廊，山上山下各一條，兩條走廊沿途都安裝了觸控照明燈，讓同學不必再摸黑回宿舍。

不僅加強校園安全軟硬體設施，一〇一年十二月，萬興里里民與學校教職員巡守隊，致力於安全可靠的校園與社區環境，以萬興里為執勤範圍，每晚八點至十點間巡守，確保校內師生和里民的人身安全，一〇二年六月更在社區內設置四個緊急按鈕，讓里民有任何狀況即可與學校駐警隊連繫，這除了替里辦公室節省相關費用，也提升了社區安全。

給校園流浪動物一個家

「貓大」是政大的別名，網路上或學生間常以此來代指政大，這個親切的暱稱讓許多人以為是學校內有很多貓才如此稱呼，其實是因為政大的地理位置緊鄰「貓空」，才簡稱「貓大」。儘管這個親切的別名讓人誤會，但政大的確曾有一隻非常受學生喜愛的校貓「小橘」，也有人叫它「太陽」。小橘是一隻流浪貓，因毛色為淺橘色而得名，最常出沒的地方是商學院和計算中心，天氣好的時候常常看到牠躺在地板上曬太陽，個性很愛撒嬌，只要有人逗牠，便會走過來磨蹭，臉書上甚至還有牠的粉絲頁，可說是政大的動物明星。不幸的是，後來小橘發生車禍，送醫急救無效，消息傳開，同學紛紛在臉書上留言，還設計了紀念商品，由此可看出牠在政大人心中的地位。

除了小橘之外，校園裡還有幾隻流浪狗。透過 TNR 政策，校內的流浪狗獲得有效控管，不僅不會對同學造成威脅，也能降低外來流浪狗進入校園的可能。以前，牠們三兩成群地出現在校園的角落，幾度在學生間引發爭議，有些人害怕牠們具有攻擊性，會對校園的行人造成傷害，也有人擔心這些無人照顧的流浪狗，最後的下場是被施以安樂死，為此學生爭論不休。正是在這樣的契機下，民國九十八年成立了「尊重生命社」，宣揚尊重生命的理念與實踐，並和校方合作推行 TNR 政策，以捕捉（trap）、絕育（neuter）、放回（return）取代撲殺來控管政大流浪動物的數量，並將流浪動物可能造成的問題降到最低。除了校園內的流浪動物，「尊重生命社」也對學校周邊民眾的寵物進行免費絕育、施打疫苗，希望藉此將這股理念推廣出去。

尊重生命社指導老師盧倩儀認為絕大多數的流浪狗都是被人類所遺棄的，雖然流浪狗的議題仍有許多爭議，但學校是教育場所，可以成為生命教育最好的教材，學會尊重每個獨立的生命，讓牠們有生存下去的權利，藉由學生社團和校方的合作，讓這股理念得以在政大落實並向外推廣，也讓更多流浪動物都能找到自己生存的地方。

社區發展委員會

政大校園範圍萬興、新光、老泉和政大四個里，復校多年以來，早已跟附近社區產生相互依存的關係，「如何與社區合作」便成為政大近年來積極推動且重視的項目，因此在民國一百年一月成立社區發展委員會，搭起學校與居民溝通的橋樑，也讓雙方有更多合作的機會，近年來學校與社區合辦的活動辦得有聲有色，如校園路跑、指南山健行和世界狂歡節等，吸引了許多學生及居民的參與，讓活動的規模益發盛大。

政大校園馬拉松

除了健行活動外，政大每年舉辦的「校園馬拉松」同樣吸引許多熱愛運動的校內師生與社區居民一同參與。一〇二年更擴大校園馬拉松的規模，參賽選手從操場出發後沿著校園公車路線一直跑至政大後門的恆光橋，再沿著河堤一路到木柵動物園折返回政大操場，路線總長六．六公里，分為學生、教職員、運動代表隊及敦親睦鄰等四大組。

經過長期推廣，「政大校園馬拉松」已擴大成為社區居民冬季運動盛事，為了響應臺北市政府提倡的全民運動，後來文山區公所與臺北市慢跑協會舉辦的「二〇一三健康活力，運動台北」也以政大為起點，目的在促進身心健康，推展市民周休動態休閒，並結合木柵茶鄉的特色，欣賞貓空觀光茶園、環山道路與堤外河濱公園風光，帶動地方休閒觀光產業發展。

文山小旅行

一〇三年三月秘書處首次舉辦「文山小旅行」活動，邀請畢業校友返校重溫大學時光。沿途邀請自然步道協會李淑英老師與張秋蜜老師，介紹文山區的生態環境和歷史；從校園出發、沿溪流旁步道往上到指南宮，目前在指南宮服務的新聞系友張寶樂也身兼導覽員，解說指南宮的歷史，中午安排祈福儀式，招待大家在指南宮享用齋飯，同時贈送情侶檔小禮物，破除情侶到指南宮會分手的迷信。

活動的終點，是回到學校藝文中心，由駐校藝術家李賢文導覽其作品，闡述過去一年住在文山區創作的心路歷程。

新聞系友李明珠說「能夠回到校園重溫、享受那段青春的時光，很美好。」她還記得，以前政大學生經濟困窘時，就會步行到指南宮吃齋飯，再度上山，「讓人覺得回到學生時代。」企研所校友劉熙玲驚喜，「這次小旅行看到很多學校附近的美麗景點」。藉由文山小旅行，重溫學校與社區的共同的歷史記憶，也向一直以來為文山區默默付出心力的文史工作者致敬。

李賢文｜指南山下｜2013｜138X70 cm

補給：行政支援

同仁的小夢獲得滿足，是行政工作同仁在工作成就感以外的另一種幸福。

Administrative Support

思華 On Call

大學的基本理念、基本精神以及我們的大學夢雖然美好，但都需要堅固的樑柱支撐才能穩固。我在前面就強調：「一所卓越的大學必須擁有傑出的教師與優秀的學生，而要能撐起這兩根重要支柱，非得有強力的『行政支援』做為後盾，才能讓師生在良好的學術環境下安身立命。」

從行政人員、各級主管到校長，都是扮演支援服務的角色，而行政管理者更要具備知人與識人的獨到眼光，還要擁有協調整合的能力，以及靈活管理與調度，才能提供每一位行政同仁寬廣的舞台，並依循「前瞻規劃、統合資源、合作共生、賦權參與、專業服務」這五個原則來推動校務。

行政工作點點滴滴，但是，魔鬼都在細節中，為了把這項工作做好，我們從組織、人力、資訊、管考與校友聯繫五方面系統推動。首先，進行行政組織調整，轉型為知識學習型組織；而校務推動的成效取決於資源豐厚程度與使用方式，積極聯繫校友與社會人士，建立有效募款機制，實施公平合理的資源分配，才能讓資源真正下達教研單位；再者，人力資源絕對是奠定成功知識學習型組織的關鍵，行政人員分為正式公務員、約用人員、助教等三類，學校如何能協助提供行政人員需要的福利、進修等權益，並且能適才適用，發揮最大效益，在築夢踏實的過程中，不僅團體的夢想成真，政大變得更好，每一位同仁的小夢若能獲得滿足，這也是行政同仁在工作成就感以外的另一種幸福。

我們進行從電子公文線上系統，到整合學校個人化單一入口網站等E流的資訊系統變革；也將評鑑與獎勵辦法回歸到各學門和專業領域，以「學門自主、專業自律、多元評鑑」為原則，展現高度的自我要求與熱情理想，讓評鑑從被動回應轉向自我要求。

我深刻體會大學經營是學校發展的重要課題，不僅在學術殿堂中追求更高的學問，而是要讓大學的精神與大學的價值與社會與時俱進，找到適當定位，體現人文社會科學的主體性與社會實踐。而這些目標絕非一人之力所能達成，更需要團隊的力量。

我曾經應陽明大學校長之邀，針對行政主管講行政支援。大家普遍認為行政是沒有回報的，很多人問我如何帶領行政團隊發揮力量，我的回答只有四個字：信任、授權。聽起來簡單，實際上也真的是如此，因為政大有一群對校務抱持熱忱的同仁，齊心為學校奉獻，犧牲無數的個人時間，來成就學校一椿椿築夢的實證。能與這樣的同仁共事，是管理者可遇不可求的幸福。

組織調整

夢想實踐的行政基礎在於各方面的工作都有相對應的組織，以收事、權、責統一之效。組織架構猶如組織的脊梁，是踐行宗旨的重要憑藉，為了能永續運作，必須審慎設計、制宜調整，好讓內部單位的設立能與組織存在的目的相搭配，維持活力、發揮功能。政大建校已經超過八十年，在臺復校也滿一甲子，內外環境變遷，在組織設計留下無數省察的履跡。政府在早年為了使國內高教發展跟上國際競爭激烈的腳步，大幅修訂《大學法》，並於九十四年十二月廿八日頒行，定出這條路的方向；而具體的大道，則是仰賴同仁相繼相續的主動回應，當時特別組成「組織規程研修委員會」專案研議，自九十五年以來，歷經專案小組、校發會及校務會議多次來回的討論審議，完成內部行政單位、教學單位、研究中心等大大小小不下百項的改造。

國際合作事務處的學術大航海

◆從國交到國合

政大為了配合教育部擴大招收外籍學生的計畫，於民國九十三年八月正式成立國際教育交流中心，並在首任國交中心主任林月雲教授的規畫下，訂定增加英語授課課程數、營造國際化的學習環境及擴大國際合作交流等方案。而所謂的「交流」是雙向的，既要讓世界走向政大，引入國際學術的活水，也要讓政大走向世界。因此在民國九十七年，為了進一步落實本土國際化及華語世界化的潮流，就將國際教育交流中心改制為國際合作事務處。

「交流」是雙向的，既要讓世界走向政大，引入國際學術的活水，也要讓政大走向世界。

◆教華語文，談華文化

在考量到教育社會責任及市場需求之下，原本隸屬於國際交流中心的華語文教學業務獨立為華語文教學中心，以擴大服務國際學生、交換生、一般國外人士與華僑子弟，開設多樣的華語課程。

語文既是溝通的工具，也是文化的表徵，因此廣義的華語文乃是由中華傳統以至臺灣文化這一綿延又日新的傳承所勾勒出來的。臺灣在戰後成為國學重鎮，而中國大陸在改革開放之後急起直追，也散發不容小覷的光與熱，當代中華文化的詮釋與發言勢必走向兩岸競合、偕聲共奏的局面。

華語文中心獨立之後，學習華語的外籍人士大幅增加，也成為政大爭取姐妹校與境外生的優勢。

◆組織擴大，功能升級

經濟系陳樹衡教授接任國交中心主任，並擔任改制後的國際合作事務長，確立「四組一會」的組織架構，包含協助校內各單位國際化的「發展策劃組」；開發校外合作關係的「合作交流組」；負責國內外交換及外籍生業務的「國際教育組」；與統籌兩岸交流的「大陸事務組」。原來商討相關事宜的學術合作小組會議，也實體化為「國際合作事務委員會」，作為政大國際化業務之決策和諮詢機構，解決現行法規與管道限制下的實務困境，在執行力與延續性上都有大幅提升。

為了能完整將大陸高校納入本校全方位的國際學術合作體系中，國合處於民國九十九年，增設大陸事務組，靈活運用歐美亞陸的多邊關係。

自九十五年至九十九年為止，政大校級及院級的締約學校由九十九所成長至四百多所；同樣的，政大交換學生與就讀學位的外籍生人數也是逐年成長；英語授課課程也已開設有六百多門。同時，透過如「學生大使義工團」、「國際學生協會」、「國際青年」與「國際志工」等和國際學生有密切關係的學生社團與活動，不僅讓本國生與外籍生在生活中互助成長，也改變文山區居民對外籍生的態度。

此外，由本校師長夫人志願組成的「張師母志工團」，長期輔導外籍客座教授與外籍同學華語，並提供日常生活的諮詢，幫助外籍師生快速適應異鄉環境，對於校園國際化的推展，扮演了重要的角色。

知識循環系統：教學發展中心

教學必須與時俱進，系統回饋，才能提供優質的教學品質。近年來，國內外都開始重新反思大學重研究而輕教學的發展偏向，政大雖然是研究型大學，但一直認為純粹的研究產出並非終極追求，用研究提升教育，藉教育促進社會，才是使命所在。因此政大既注重教師教學及研究水準之提升，更關切教研水準與學習品質的連結，由教師端的研究、教學到學生端的學習、反饋與致用，構成了知識的循環系統。在過去，這些資訊流通與傳承管道分散在各種不同的單位與人際關係中，取得不便利，無法雨

Fun 學趣學習手冊。

露均霑；於是，政大在民國九十六年正式成立「教學發展中心」，積極整合校內現有的資源，為師生提供良好「教」與「學」的環境。

◆作為「藝」的教與學

「藝」的本義是種植，具有技術的意涵，所以教發中心將教與學視為一種藝術，並非抽象理想，而是技進乎道的歷程，並落實在逐年編修的各類教學手冊，像是為了協助新進教師進入教學軌道，編寫包含政大教學與研究資源、教師基本的權利與義務、資訊服務與圖書資源等內容的《新進教師手冊》；同時，教發中心與校內教師及教學助理（TA）多年來合作所累積的心得與教學指南，則輯成《TA手冊》，作為優質TA工作推動的參照；針對課業輔導員（Tutor）必須遵守的責任義務與一般教學輔導的通則，也有《Tutor教學手冊》，以精進課業輔導員的輔助技巧，發展出豐富的「教與學」歷程；對於剛踏入大學的新鮮人，則有《Fun學趣——學習手冊二〇一三》，提供人際關係、學習技巧、學習資源與生涯規劃等範疇的建議。同時也經常籌辦「課程設計與教學發展工作坊」，討論教學內容的統整、理解學生如何學習、發展促進學習的教學策略、評量學生的學習與評量教學及改進等議題，將教學技巧放回教學現場的中心。

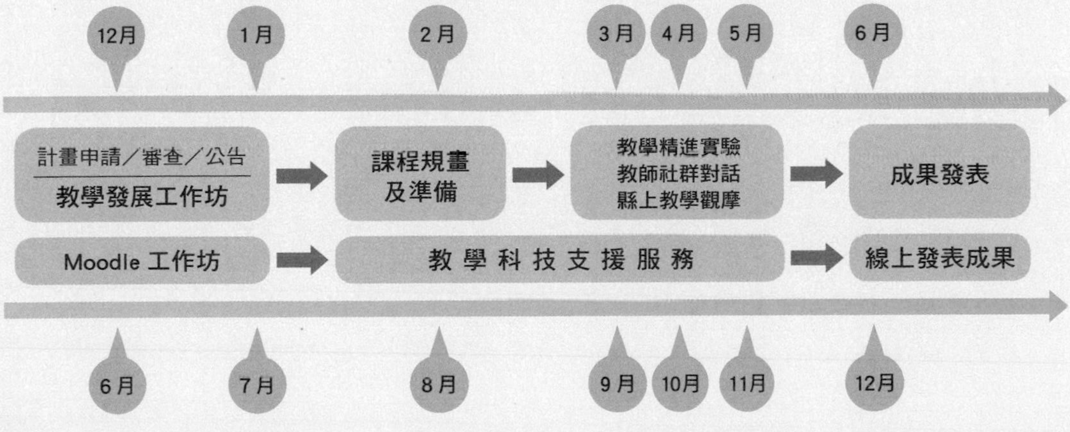

◆實驗且越界

也因為教發中心的成立，才能有獨立的經費，直接支持特色教學的實驗，開放有志創新的教師提案申請補助，同時藉著計劃的聯繫，刺激教師在執行過程中的自我反思，促成來自不同系所的計畫成員之間有意義的觀摩與對話。最終成果則展現在期末聯合成果發表會——「政大教學週：山水講堂」。教發中心主任曾守正希望透過公開的系列主題專題演講、教學成果發表以及展示等，對本校師生乃至校外教學先進產生影響力。

而所有創舉都是需要付出額外心力的嘗試，在理念宣傳、公務流程、協調聯繫乃至資源分配等方方面面的排紛釋疑，更仰賴全中心同仁的IQ與EQ。儘管仍有許多課程仍對精進計畫抱持觀望，而每一場發表也未必都能獲得同樣的迴響，但教發中心的成立已宣說政大對於大學本質的基本立場，並正逐步移轉高等教育的生態。

當代需要π型人：系所整合、跨領域學程

學術自有其價值，大學並不等同於職業訓練所，但這也不意味著輕忽經世致用的層面。況且學與用可能偶見步調失諧，但彼此並不對立，只要回到學術呼應社會和時代精神需要的本質，便能產生共振。分科設學是現代學術的特徵，精細化則屬必然；但解決具體問題時，往往需要多工並進，尤其現代社會愈趨複雜，單一視角不足以盡窺全局。政大體認到現今大學的挑戰在於同時兼顧現代社會與現代學術的要求，將「單一專家」提升為「多元π型人」，最具體可行的方法則是系所整合，讓學生有更實際的學習機會。

◆文化主體與知識升級：管院整併

為了貼近國家發展及社會脈動，培育時代人才，傳播學院過去曾創闢各類學程及在職專班。但是隨著研究的積累，越加強化了這個概念：管理的法則屬於科學，管理的對象涉及文化，文化則勢必有其差異性，這正是越具體的管理法則越不易在異文化中開花結果的原因，所以政大必須自省：我們應該為東方提供何種管理學？以及我們能對普世管理學提供什麼？

自一〇二學年起，政大將原「企業管理學系」碩士班、「商管專業學院碩士學位學程」（AMBA）整併為 MBA 學位學程，同時恢復使用「企業管理研究所」的名稱，延續企管所的光榮傳統，這是在國立大學中，只有政大在學校組織章程中正式保有「企業管理研究所」的名稱。未來將擴大招收全球的人才，提升臺灣國際商管教育水準。同時藉由全院過去五十年所累積研究菁華，強調在地特點，倚重個案教學，發展具備亞洲管理特色的課程，以加強領導能力與企業家精神養成，強調企業倫理精神。而「科技管理研究所」與「智慧財產研究所」也於同一個學年整併為「科技管理與智慧財產研究所」，宣示國內管理教育邁進全新的領域。從工廠到市場，從創業到創智，提供管理學界更務實而具科技智能的管理知識。

◆大一大二不分系：傳院整合

傳播學院在組織與課程上的變革更大，這項工作緣自鄭瑞城校長擔任傳院院長時代，經過前院長鍾蔚文、現任院長林元輝帶領全院教師，做了革命性整合。現任傳播學院副院長陳儒修說明「整合的傳播能力，才能適應新的環境。」若是死守舊制度，不願接觸影音、數位內容，無論學校或學生，都將無法因應傳播業的變革。自一〇一年起首將博士班改為直屬學院，一〇三學年，全面落實「傳播學

學術自有其價值，大學不能降格成職業訓練所，政大兼顧現代社會與現代學術的要求，將「單一專家」提升為「多元 π 型人」。

院大一大二不分系」，傳院新生入學的頭兩年，先不選擇學系，從跨系整合性課程中了解傳播的各個面向，發掘自己的興趣及專長，三年級時再選擇專業領域分系及主修。

這個構想並未影響原本新聞、廣告、廣電三系和傳播學士學位學程的招生方式，課程革新、師生教學的認知轉變與依法制度反而是難題。為了落實整合性課程，傳院需要聘請更多分屬設計、文字、影像、影音數位等領域的專業師資，讓學生「吃到更多樣的菜色」。在自由選課的制度下，學生面臨多元選課挑戰，必須在豐富的菜單中，挑選喜歡且營養均衡的菜色；教授則要不斷力求創新。許多制度問題仍在積極討論中，例如校內雙修輔系辦法還沒定案，大三分系的標準也有許多的可能性，但大原則是不以成績好壞決定學生的去留，考慮設計「大二展演」，讓學生展現大一、大二的成果，以學生和系所「相互選才」的方式。

◆數位內容碩士學位學程

近年來知識的傳播邁入數位化，與其相關的資訊科技產業也隨之發展起來，政大以人文社會科學領域見長，我們具備學院知識轉化成為數位內容應用知識的學術腹地，因此在民國九十八學年度設立跨學院的數位內容碩士學位學程，透過數位內容與科技將跨領域的學科結合在一起，這是國內第一所融合傳播學院與理學院（資訊科學）的學程。學程結合傳播與資訊科技，提供跨領域結合的機會，並提供發展數位敘事、互動研究、新媒介科技創新的優質環境，致力於培養數位內容之創造、設計及系統開發之專業人才，所培育之人才（製作人、製程專案經理、企劃人才、科技研發）將來可從事數位家庭、數位出版與典藏、數位藝術、數位科普學習等工作。

◆輔導諮商碩士學位學程

民國九十年心理師法通過後，臺灣人越來越重視心理健康與生活諮詢，使得社會對於輔導教師與諮商心理師的需求增加，有鑒於這股社會趨勢，我們在民國九十八年五月開始整合教育學研究所的教育心理與諮商輔導組及理學院心理學研究所的諮商臨床組，民國九十八年十一月成立輔導與諮商碩士學位學程，整合兩系輔導與諮商的專業課程，並能依據學生個別潛能的特質與生涯發展的需要，而建構跨領域組別化與個別化之課程模組。本學程以「培育具有方案規劃能力、以社區及系統為工作模式，以及能扮演發展、預防、教育及矯治功能角色的學校輔導與社區諮商之專業人才」作為發展的重點，以培養更多專業輔導人才。

齊心共享，中心轉型

政大還設有許多中心，藉由轉型整併、深化、擴大共享的概念，成就組織的活化。如設立於民國五十年十月的社會科學資料中心，向來以典藏全國博碩士論文及豐富的社會科學學術資料著稱，一直為全國人文社會學者及博碩士生所倚賴。然而隨著資訊化時代的來臨，資料取得管道的多元、便捷，社資中心也面臨挑戰，於是積極朝著數位化典藏機構努力轉型。近年來除了持續徵集特色館藏，同時積極引進資訊科技以發展「史料數位加值」與「人文研究應用」。

民國一〇二年五月社資中心代管孫中山紀念圖書館，同時完工啟用新建的數位展演廳中就運用虛實書櫃、照片牆、大型寬幅投影融合、3D 沉浸式虛擬實境等技術，提供具震撼力的數位學術資料視覺化加值與展演內容，盼望激發跨領域創意、活化館藏的學術價值，成就人文創新。

「藝」的本義是種植，具有技術的意涵，
教發中心將教與學視為一種藝術，並非抽象理想，
而是技進乎道的歷程，

原學務處的衛生保健組及心理諮商中心則是在如何「以合理的人力分配，達到更全面的服務績效」的思考下進行整併。配合與臺北市聯合醫院的互惠合作，由政大提供場地，設立政大分部，結合兩大單位的身心健康中心就此誕生。不僅能更全面照顧全校教職員工生的身心健康，還能將服務範圍擴及社區民眾，創造政大、北聯醫及社區三方互惠共贏的圓滿局面。

組織改造必須考量法令規範，折衝樽俎，程序上耗時費神；而且，一劍雙刃，檢討太過頻繁，恐怕會影響穩定，但未及時回應，良機稍縱即逝。如何拿捏其間的平衡，考驗著管理的智慧，以及對理想政大的企盼與堅持。

人力資源

面對多元時代，大學無論在教研或行政上的人力需求也趨向多元，如何吸引各界出色人才，並創造合理、融洽的工作環境，讓他們安頓下來，以期「既來之，則安之」，需要在制度上詳加考量、設計，以表現主動訪求的積極性與聘用過程、待遇支給的彈性，並關注其感情需要，方得以實現。

條條大路通指南：多元學術攬才、留才管道

◆政大的人才會議

學術人才是大學最珍貴的資產之一，也是政大邁向國際頂尖之夢最堅強穩固的基石。要落實這個遠大的計畫，除了要積極延攬國內外學術名宿及潛力新秀，對於已投身政大教研行列的優秀學者也要

思考出合宜謹重的致敬方式。但由於不同學門典範之間很難放在同一把尺底下衡量，如何建置一套客觀有效的機制，以達到真正攬才、留才、提升競爭力的目標，實在不是易事。同時，面對全球高教人才的競爭，政大在資源有限的困境下，更需主動展露求才、愛才的積極企圖與彈性空間，營造適合學術發展的大學環境，以切合延攬人才各層次的心理需求，讓政大成為安居的家。

這些實質問題與期盼強化了政大「人才會議」制度的功能。人才會議不僅建立各種延攬人才的便捷管道與完善制度，透過校務與各院主管整合行政系統、學術系統跨院別的公議，凝聚人才認定的共識，創造政大獨有的吸引力。在策略上，考察國際水平，擬定多元及彈性的薪酬制度；在作業上，簡化流程、爭取時效，用非常的禮遇來召喚非常的人才。

經由人才會議，校內外優秀教師可被遴聘為講座教授、特聘教授，或以特殊優秀人才聘任，對新進教師則提供增核學術津貼等優遇。另外配合獎勵及延攬特殊優秀人才、訂定校任務型加給規範、發展學院資源整合方案、彈性薪資支給原則、教師員額運用原則等辦法，提升人才認定、延聘與獎勵的績效。如曾任美國普渡大學管理學院副院長、並獲選最佳教授的唐揆教授就是由人才會議以傑出人才方式聘為講座教授；在成大設立國內第一個數位生活科技研究中心的郭耀煌教授也是透過這個途徑完成就職，成為政大理學院院長。

◆國際的挑戰與政大的回應

面對海外學界紛紛祭出驚人的高薪厚遇，挖角臺灣學術人才的挑戰，政大除了依法定待遇標準支給薪資之外，更活用多元彈性薪酬設計，視各類人才的學術成就核予學術研究補助費、研究經費補助、優先借住宿舍或提供租賃、搬遷補助、機票補助，或核減授課鐘點、配給助理或工讀生、提供研究團

學術人才是大學最珍貴的資產之一，也是政大邁向國際頂尖之夢最堅強穩固的基石。

隊合作平台、華語教學、居家生活安頓、子女就學以及配偶工作安排等具體優遇及協助措施，並提供人文關懷的行政服務，傳遞學校對人才的高度敬重與誠意，堅定人才對政大的認同，讓他們可以全心在政大施展抱負、實踐夢想。

夢想起飛，從約用管理新制開始

隨著大環境改變，學校的行政人力結構已從過去以高普考進用的公務人員為主，逐漸轉變成為以學校「約用人員」行政工作主力來源。然而，約用人員是為了協助臨時性工作設置，敘薪只憑學歷，無法就其能力、表現予以獎掖，而且也缺乏升遷途徑，職涯幾乎沒有發展空間，造成人員流動率超過四成。為了建構優質的工作環境，政大在九十五年籌立行政人力資源委員會，啟動改革，以求讓未來學校的行政主力——約用人員——能更穩定、更有彈性效率也更具有專業。

◆工作評價制度開國內風氣之先

具體方式乃是朝向考量工作分級設定及以條件能力敘薪，並引進逢缺不補但可提升職掌的「擴大化」概念，為約用者開闢實質升遷之路，這就涉及各項工作與條件能力如何評價的問題。於是政大專案委託校內企管教授及王遐昌先生、張瑞明先生兩位業界專家，分階段進行制度的研究及設計。期間歷經政大企管系蔡維奇教授（九十七年五月）、韓志翔教授（九十七年十一月）、樓永堅教授（九十八年五月）三位主持人，人事室王傳達前主任、紀茂嬌主任完成全校六百多個行政職位的評價，並於專案性工作完成之後，由人事室接手予以法制化。持續近四年的努力，在多次說明及會議之後，一套以績效為導向的新約用人員管理制度於九十八年底完成修法，自一〇一年一月一日起，約用人員管理制度正式邁入新紀元。

◆離職趨緩，永業在望

約用人員管理新制將職務依工作性質區分為兩類，每類包含八種職稱，每一職務依其職責輕重，各有對應的職等、薪資幅度、績效考核及升遷途徑，建立同仁升遷的機會並建立永業發展機制。新制邁入第二年後，離職率開始逐年下降，自九十九年起分別為三四．七九％、二三．三七％、二〇．八二％及一六．二七，用人制度漸趨穩定，新制度實施迄今確已發揮其功能。依照職責程度繁重，經評價為高職等之職位，位階及薪資相當於中階主管，單位得以延攬業界優秀人才，以協助業務順利推動並促進單位改革創新。同時藉由升遷激勵措施的設計，培養行政人員勇於任事、願意承擔的精神，至一〇二年十一月底止，計有約用同仁四十三人獲得升遷，有利政大行政人力的穩定及優秀行政人才以學校為其永業發展場域。

◆始終在改革的路上

不過，要讓單位及同仁轉換舊模式接受新制度，是一個很大的挑戰。在單位方面，因不熟悉人員遴補程序及績效調薪方式，造成遴補人員時程拖長，出現業務銜接上之問題，或依考核辦理績效調薪後，發現與其認知有落差；在約用人員方面，轉任換敘之後，部分同仁對職位評價的公平性存有疑義，並擔心權益受損，或因績效調薪的結果未如己意，擔心新制壓抑其薪資成長。為了回應這些問題，人事室除了在執行過程中加強宣導與溝通之外，並機動檢討，調整作法，政策面的問題透過行政人力資

四維堂新春團拜。

源委員會討論，實務面的問題則提交工作評價小組審議，務求制度更符合實際運作需求，達到攬才、育才及留才的目的，以提升學校整體競爭力。

欣心向榮：新春團拜

除了制度之外，內部友善氛圍的形塑也是優化職場環境、吸引特出人才的必備條件。政大近年來在春節過後的「開工第一天」上午舉行春節團拜活動，便發揮了這個功能。

◆認同的承傳

出於對過去共同打拼的夥伴的感謝與敬重，許多退休師友同仁都在這一天獲邀回到大紅燈籠和彩色氣球到處點綴的四維堂，共享歡樂氣氛。在司儀的引導下，全體同仁起身相互拜年，雖是小小的動作，但在大家的拱手和笑顏中，彼此的情誼更加深厚、溫潤。在歡欣的氣氛中，退休同仁與現職同仁

新春團拜好比政大的「家族聚會」，相敬相親，美好記憶像照片般逐年積累，繁忙艱辛的工作彷彿也成甜蜜的負荷了。

之間也彷彿悄悄傳承了對政大的認同。高齡九十多歲的公行系退休老師雷飛龍教授在參加團拜時追憶往昔，表示自己從高中畢業保送進入政大學士班，一路拿到博士並留校服務，畢生和政大關係緊密，「雖然沒有很多財產，但未來畢生藏書都要捐給母校。」

◆只有歡樂，沒有遺憾

承辦單位人事室的同仁擔綱活動規劃和司儀的角色，也是絞盡腦汁，從節目流程安排、場地布置整備、抽獎禮品的挑選、茶點水果的準備、主持人選的組合及串場講稿，每年都在求新求變。不但召集了多次小組會議協調各項工作分配，也事先排練及預演各個節目。

在這樣熱鬧的場合，更是許多同仁和同學一展長才的時候：在活潑的舞曲中，來自不同單位的同仁一起大跳流行的騎馬舞，元氣十足、熱力四射，從台上跳到台下，還邀請了幾位行政主管「共舞」。鹽光團契社團則以優美的歌聲帶來平安幸福的喜悅，預兆了在新的一年裡，一切的事情都能如意順心、徵祥化吉。另外還有同學帶來的精采街舞、魔術和模仿秀表演，年輕的生命力滿溢著幽默無限、創意迭出，讓大家不禁高聲叫好、意猶未盡！

作為團拜活動重頭戲的抽獎，也饒見體貼與巧思。當寫有名字和編號的摸彩券投進大紅的摸彩箱，一聲驚呼接著一波吶喊，場面熱鬧高昂。中獎者自然興奮，但未蒙幸運女神眷顧的人也不致失落，因為承辦單位早已備齊實用的「安慰獎」，絕不教遺憾減損大家開工的好心情。

新春團拜好比政大這個大家庭的「家族聚會」，相敬相親，美好記憶像照片般逐年積累，繁忙艱辛的工作彷彿也變成甜蜜的負荷了。

資訊系統

如果說具有效率的行政、整合的資訊與人我一體的校園氛圍是政大樂享的美好，這個事實自有其成立的基礎，既是同仁的黽勉不懈，也有賴軟硬體與時俱進，在資訊系統更化的履跡上，尤其可看到人與物持續交會的燦然。

公文限時簽：電子公文線上簽核系統

◆不做沒準備的打算

紙本電子化已經是大勢所趨，但對的事往往不是簡單的事，尤其在行政業務上，要改變既有的慣性，往往都得花上莫大氣力，在電子公文的革新，政大也是積艾而後治。

民國九十五年舉辦了行政單位公聽會，從環保、省時的觀點來討論電子公文化和線上簽核方式，隔年「校務行政電腦化推動小組擴大會議」才正式宣布採用電子公文線上簽核系統。又歷經一年籌備，成立電子公文線上簽核評選委員會，對外公開招商，終於在九十七年六月正式與得標廠商簽約，委請客製化政大電子公文線上簽核系統。

◆不推沒配套的措施

系統開發期間成立系統推動小組，不斷客製、開發、測試，同時考量公文傳輸的單位還包含對外機關，資安問題不可輕忽。電算中心主任楊亨利及同仁們，全力投入系統宣導和教學，其中包括紙本文宣，網頁、郵件的說明，並建置服務專區網站解決疑惑。另主動針對一、二級主管，進行一對一的常用詞彙詞庫、手寫板功能教學；同時針對教職員設計十四場教育訓練、協助各單位採買讀卡機及申辦自然人憑證，進行電子公文資料庫建置等等，讓學校同仁能盡快熟悉系統的操作。

自上線至九十九年一月底半年間，電算中心線上諮詢單系統累計紀錄三千多筆諮詢紀錄，每一筆諮詢均追蹤至問題解決為止。在系統上線一年後所進行的使用者滿意度調查顯示，諮詢服務普遍得到使用者的肯定。

◆高效能的行政碩果

線上簽核運行至今，已經益發成熟，主管和行政人員的辦公桌前已無堆積如山的公文卷宗夾，節省了公文紙張、遞送的郵資與人力成本。系統內集公文製作、管理、簽核、檔案管理及影像管理於一身，有效提升辦理效率，歷史公文隨時能即時線上調閱，追蹤流程監控管理，避免公文遺失。在這個E化的時代，電子系統除了提升工作效益，同時也節省了紙張、人力的耗費，為地球的永續發展盡一份心力。

E流校園生活：iNCCU個人化單一入口網站

對於老師、學生而言，校園生活的改變則體現在校務行政資訊系統的平台轉移。民國九十五年，從八〇年代起選用的校務行政資訊系統 Centura 面臨使用者日減、無法獲得原廠支援和更新，新版驅動程式經常延遲推出等問題，為了維持提供校園內各項教研活動有效的行政支援，就毅然全面改採包括 SQL Server 資料庫、Visual Studio 開發工具與 NET Framework 3.5 等，發展新一代的校務系統，打造出現今每日平均流量達一萬五千人次的 iNCCU 個人化單一入口網站。

◆資訊整合的個人化服務

政大師生只要透過電子郵件帳密登入 iNCCU 後，便可查詢校內各項資訊。最方便的是它與校務系統整合後提供的個人化服務，不但會自動通知使用者如報名課程提醒、成績送達通知、薪資入帳等重要訊息，還可以自由安排網頁頁面，設定各項工具顯示與否及版面位置、中英文語系介面切換，還可以選擇喜好的佈景主題樣式。

iNCCU 也不斷嘗試更貼近使用者的需求，開發提供各種方便好用的小工具如 CNN.com、Google News、YouTube 影音查詢、線上字典（iFrame）、Google Map、Flickr 相簿、天氣預報這些工具，讓 iNCCU 成為政大最具特色的門面。教師也能透過 iNCCU 對教學進行分享和管理，打造優質教學資訊環境，協助教師研究成果之保存與發展，提升行政支援層次及內涵。

◆科技始終關乎人性

除了資訊之外，iNCCU 更為政大校園帶來更多情感交流。

為了增加使用者與平台的互動和參與感，在九十七年四、五月間，電算中心舉辦了兩項推廣活動：「愛政大．尋愛心」和 iNCCU 佈景主題設計大賽。前者設計十個藏身於網站功能及網站工具中的愛心圖案連結，只要使用者找出並點選集滿十個愛心，即可參加抽獎活動，讓使用者藉由互動去體驗整合系統中的各項功能和便利性，掀起使用 iNCCU 的第一波熱潮；後者由開發團隊提供網站佈景的樣式設計範本，讓教職員生比賽設計佈景主題，票選前十名的作品會在 iNCCU 上供使用者套用，讓佈景主題更活潑多元。

九十九年開發實用的「政點報時」工具，藉著「報時相片徵集活動」，廣邀教職員生拍攝與政治大學相關的人、事、物的校園寫真，並對該相片創作短札隨筆，成為政大資訊平台的一大特色。

守望政大，全年無休：首頁新聞

另一個藉著科技讓政大更有溫度的資訊系統，當推全年無休的首頁新聞，這是由校訊團隊來撐持這個如聖火般永不熄滅的版面。

電算中心與資訊大樓。

校訊記者既用他們的筆描畫出政大的風物人情，同時也以自身證明了政大人君子不器、博雅卓越的能耐，畫風景人終成一道風景，增益了指南山下的秀麗與色彩。

◆當新聞專業的高牆已倒下

集結全校各系所，對新聞工作、對了解政大懷抱熱情的同學所組成校訊團隊，在九十九學年度前只招收曾修習《大學報》實習課程的新聞系同學，因為當時考慮到校訊記者需要具備編採寫作能力，沒有經過專業訓練的同學，多半難以勝任。後來，在一次僑生聯誼會舉辦的活動上，一名負責採訪的校訊記者偶遇一位中文系的馬來西亞僑生，發現在新聞系外其實有許多對新聞工作滿懷熱忱的同學，讓校訊主編羅皓恩開始思考：能否敞開大門歡迎非相關科系同學加入？後來在主任秘書徐聯恩全力支持下，校訊團隊的高牆終於倒下。

因應外系新血的加入，校訊團隊必須安排集訓課程，邀請業界資深媒體人到校指導，或尋求線上記者提供一對一寫稿諮詢。組長與主編在平時，也得更積極協助外系記者解決相關困難，在 learning by doing 的訓練下，慢慢學習經營路線、約訪、採訪技巧與寫作新聞稿的脈絡。校訊團隊全面開放政大同學共同加入，不僅提供對於校園新聞有興趣的同學圓夢的舞臺，對於學校來說，因為更多人參與，報導層面擴大，進而促使更多師生關心校園。每年期末調查發現，超過八成以上記者因為加入校訊團隊，更注意校園動態；也有六成以上記者將自身的熱情擴及人際網絡，使身邊師生更常閱讀校園新聞報導，甚至願意主動貢獻更多素材給校訊團隊。

◆畫風景人終成為風景

為了維持終年不斷電，校訊記者晝夜奮筆已是家常便飯；為了追求多面向不偏頗的報導，他們不僅要採集正面的訊息，也得處理諸如同學抗議助學金縮水或評議學校建案等爭議事件，掌握群眾情緒、進行思辨，以製作出具有脈絡、意義的新聞報導，提供更完整的「政大風景」，凝聚全校師生休戚與共的一體感。

在多元的團隊裡，學習處理素材，讓參與的同學更勇於嘗試跳脫既定框架，有許多本非出身傳院投入新聞、編輯或文創，也有許多人帶著這段時間累積的經驗，在其他產業大放異彩。這群校訊記者既用他們的筆描畫出政大的風物人情，同時也以自身證明了政大人君子不器、博雅卓越的能耐，畫風景人終成一道風景，增益了指南山下的秀麗與色彩。

線上議政：校務建言系統

◆讓情緒成為建設

校園生活總有不盡如人意之處，這些情緒必須尋得出口。儘管政大有馬上辦機制、校長信箱等管道，接受師生對各項學生事務的建言或申訴，然而由於處理過程不夠透明公開、不夠及時等原因，多數的怨言都流向網路公佈欄。為了了解同學的想法，秘書處還得不時瀏覽貓空行館上的 grumble（抱怨）版或者 ptt 的 NCCU 版。而且由於網路發言的匿名特性，往往使得本來有意義的建言淪為不理性的宣洩，不僅對於解決問題沒有幫助，還會以訛傳訛帶來更大的負面渲染。

九十八年十月，時任學生議員的徐修國等代表主動向秘書處提案，期待結合電算中心專業，參照市府、臺大的模式，開發一套政大的「校務建言」系統。

十月十六日，電算中心、秘書處和學生代表首次開會，半個月後，第一版雛型產生；十一月四日提行政會議通過，一個月後，經過秘書處與各行政單位窗口討論調整後，系統進入實際測試階段；到了九十九年一月四日，「校務建言系統」正式上線。

◆有言必應與理性對話

校務建言系統的使用對象包括政大學生和教職員，是一個半公開系統。以 iNCCU 帳號登入，便可留言並瀏覽其他公開留言。當使用者留言之後，秘書處會負責分發相關單位依職權回覆，同時協助追蹤進度。至於接受指派單位收到系統通知時，就要進入系統了解內容並回覆，再由總管理者檢視內容、彙整相關單位意見，再回覆留言者。留言者接獲回覆後可選擇滿意結案，或針對不滿意之處要求二次回覆。為了避免意見來回交戰，所有建言二次回覆後五日後自動結案，但進入二次回覆階段的建言，都將另提校務建言溝通會議上進行逐案討論。為了確實落實溝通成效，還另組考核委員會，針對建言內容與回覆意見成效把關。委員會成員組成包含學生代表、教師代表、行政人員代表，以求兼顧三方看法。師生提出的公共議題，秘書處也會彙整公佈在校務建言系統網站，讓全體師生能一起關心，共同促進政大正面發展。

◆從眾聲喧嘩到多音交響

誠然，校務建言系統的完成並不意味著政大從此不會聽到任何抱怨，但是承辦同仁無不殫竭最大誠意，遇到部分行政單位逾期回覆或回覆內容不夠具體、未能切合需求時，一定會另外以電話或其他方式協調溝通，了解回覆困難點或協助跨單位整合。

作為一個多元時代的教育單位，如何面對多元聲音和各方需求，也是政大必須認真面對的功課。校務建言系統不只是學校行政傾聽聲音的其中一項機制，同時也發揮了環境教育的功能，既幫助學校更直接掌握師生想法，並藉著認證發言，培養每個人為自己言論負責的態度。

在校務建言系統上，除了批評和建議，也不時可以看到許多師生表達鼓勵和感謝，這樣的聲音將支持更多行政人員努力工作，也更有動力持續追求進步，共同促進理性良善的溝通環境。

飛上雲霄：雲端綠能主機房的新時代

當我們看見科技改變政大的行政系統與校園生活時，也許很少人注意到在背後調度支援的最大功臣——主機房。為了使各類網路傳遞與數位資訊系統服務的快速增加，加上因應綠色能源、節能減碳政策，電算中心於民國九十七年開始規劃催生新一代綠能機房。

◆茲事體大，斬將過關

政大自八十三年起成為「台灣學術網路臺北區域網路中心」後，機房的運作除了提供校內各項資訊服務穩定運作外，更提供新北市、基隆縣市區域網路中心及三十六所大專院校及高中職連線，因此在機房的建設的過程中必須在在影響範圍最低的原則下進行。主機房新設、整建是一項難度超乎想像的工程。經過多方評估、規劃與考量，以分期方式完成新式綠能機房的建置，最初階段先建立消防系統、高架地板和電磁波防制，再設置電力、空調、發電機、UPS不斷電系統，最後才能完成網路設備、機櫃和環境控制系統進駐。

為期兩年的工程中，牽涉到電力重整、網路線重佈的問題，不需停機的部分可在平日完成，牽涉到需停機或網路需斷線進行確認的，就依照施工日期，利用夜間及假日施工。政大為此進行了許多事前模擬與準備，包括發生緊急狀況時應該如何應對。就以運送冷氣主機進入機房一事來說，因為主機等設備體積過大，無法藉由電梯或是人工搬運，只好使用吊車吊掛機具從陽台將設備送進電算中心四

「教學意見調查」的演變是希望尋找一種方式、一種管道，讓學生的聲音傳到授課老師的心中，同時，也讓得到建議的老師適度修正自己的上課方式。

樓主機房。考量學生安全，吊掛作業擇定在夜間施工，光照就已經是一大挑戰，而大型吊掛車因校園動線轉彎死角無法順利進入，更是始料所未及，只得嘗試改用小型吊掛車處理，結果卻發生因小型車無法承受設備重量而險些翻倒的意外。當設備順利吊掛時又因體積過大，最終還得拆除原有建築物窗框的方式才得以進入機房。

冷冽的冬夜裡，電算中心同仁和施工人員緊張到直冒汗，愁眉苦臉的看著這預料外的情況，當所有設備順利進駐機房時，寧靜的深夜裡響起一片歡聲，所有的疲憊與擔憂頓時褪去。

◆我們的新時代

民國九十九年九月，新一代的綠能機房正式啟用，從此以「人臉辨識」啟動機房門禁不再是電影的科幻情節，宣告著政大正式啟用新式綠能機房，同時也告別過去使用多年、各類線路夾雜、機房代替庫房的舊機房時代。

綠能機房指標強調「環保、節能、穩定、安全、高負載、節省人力」，採用冷熱通道氣流模式，重複利用水資源的 INROW RC 短循環水冷式空調，有效提供冷房效率且減少用電，環境控制系統的建置能自動監控主機房溫、濕度、電力等機房環境，管理員能以 VM 遠端方式管理主機，發生異常狀態時，環境監控系統透過 Email 及手機簡訊就能通知機房管理員執行緊急應變計畫，避免人力的耗費。除此之外，使用 PDI 配電盤熱插拔的設計，降低更新設備帶來的影響，機櫃安控系統可即時監控機櫃開啟狀態。為了防止斷電時機房無法運作，特別建置了 500KW 柴油發電機系統，室外三千公升油槽，加滿油時可提供斷電時機房二十四小時自行供電的電力。而 200KVA（四組 50KVA）模組化 UPS 不斷電系統，提供斷電至發電機啟動前的電力。

學校頒發「教學優良」、「特優教師」等榮譽，讓老師們付出的教學心血不被埋沒，帶給學生更豐富的啟發。

目前機房共計有七十九機櫃，除了維持臺北第二區網中心骨幹外，政大郵件信箱、政大網站入口網站、電子公文線上簽核、iNCCU 個人化入口、校務資訊系統等各項研究資訊也因這項服務而維持穩定運作，並提供學校各單位伺服主機集中代管服務。穩定可靠的機房軟硬體環境，能減少教學研究成果因人力異動而無可彌補的損失，有效節省了人力。除了機房實體安全、穩定的硬體環境之外，政大更同步追求符合新時代資訊安全管理規範的軟體條件，配合教育機構 ISMS（Information Security Management System）資訊安全管理系統的導入，制定相關制度、規範與機制，考量簡化變更管理，提升資訊資產使用率，並透過主動式維護計畫降低長期維運成本等等。綠色、雲端、機房、資訊安全，已是無可抵擋的時代趨勢與重大議題，在這樣的資訊網路洪流中，政大以一種基本的態度及務實的方式完成了綠能機房的建置，讓政大進入雲端機房的新時代。

評鑑管考

評鑑管考如同高等教育的品管，目前約分為三個層次：一是對於課程的教學評鑑，二是關乎教師升等的績效評量，三是以整個系所為對象的大學評鑑。三者環環相扣，又互有張力，譬如教學、研究的優先性如何確認？教師個人與系所群體對前述問題的答案是否一致？課程、教師與系所共同面對的評比客觀性問題又該如何回應？政大曾主辦「高等教育評鑑論壇」，自身的經驗可以提供一些更具體的思考。

聆聽學生的內在聲音：教學評鑑的變革

◆倫理的與客觀的爭議

在大學所有的變革中，「教學評鑑」可能是最特殊、也最具爭議性的制度。教學不是商品，師生更不是賣家與顧客的關係；但不從受教者立場出發，施教者又如何全面理解課程的接受反應？政大的初衷是：尋找一種方式、一種管道，讓學生的聲音傳到授課老師的心中，同時也讓得到建議的老師適度修正自己的上課方式，「教學意見調查」制度的演變其實就是在這樣的精神基礎下推展的。因此政大嘗試將倫理問題轉化為客觀問題，思考「怎麼樣的評鑑方式，才能客觀而適當？」對教師而言，什麼樣的評量最能清楚呈現其工作狀況而不會遭到扭曲？在學生而論，哪些項目就可以完整地將自己的心聲傳達老師和學校？這些思索不斷影響政大在「教學評鑑」的規劃與問卷題目的設計。

◆調查、輔導與獎勵

雖然政大從七十九年起就有了「教學意見調查」制度，但近幾年負責同仁仍持續修正「教學意見調查」的內容，並在一〇一學年實施新版的意見調查，以期建立師生間客觀、適當的雙向溝通。新版意見調查強調了解自我是評價他人的基礎，因此學生透過「教學意見調查」的制度，必須省察自己對這門科目的需求、選課時的期待以及投入課程的心力，鼓勵在選項填答之外提供敘述性的意見反饋，以凸顯各種評價觀點的形成的內因與外緣。這樣的調查對老師才能產生積極的意義，畢竟作為施教者也希望知道學生內心真正的需要與感受，然而在多數的情況下，老師缺少一種直接有力的管道能夠探測學生的心聲。在這層意義上，「教學意見調查」制度正可以成為老師的正面助力，拉近師生間的期待落差，進而修正課程的設計與授課的模式，促成卓越教學。

當教師得到的調查結果不夠理想時，可透過教學發展中心的專業協助，自我精進；對於用心教學而受學生愛戴的老師，也得以藉此相對客觀的標準得到鼓勵。政大每年遴選出意見調查成績居全校前百分之五的教師，授予「教學優良」榮譽，累計三學年，還可獲選為「特優」教師。學校透過這個方式，得以將對老師的感謝具象化，讓他們付出的教學心血不被埋沒，進而帶給學生更豐富的啟發。

教研升了沒！ 談談政大的評量與升等法制變革

◆如何描述一個好的大學老師

研究型大學面對研究與教學如何平衡的問題時，往往要面對更艱困的處境：正視當前「重研究而輕教學」的情形，以減輕教師研究上的負擔，並提升教學的核心價值，但又不得不承認大學教師的教學應立基於良好的研究上，沒有好的研究很難帶來好的教學品質。

譬如，政大自九十一學年起十年間，專任教師至少通過一次評量的人數合計共五百二十一人，未通過的有十五人。現行體制下，教學與研究無法全面分流，但對於每一位對政大全心貢獻的老師，學校都懷抱著敬重與珍惜，因而也積極思考「教學型教師」的概念，期望訂立專業技術教師的明確定義與評量標準，減輕甚至免除其研究義務。未來在經過充分討論與意見交換之後，或許可以避免遺憾的發生。

◆改弦更張，升等路更寬

攸關教研人員聘任升等的法制自九十年大幅修正之後，有十年的時間變動不大，致使整體架構無法回應當前實質需要。第一次頂大計畫審查及九十八年十月八日教育部學審會實地訪視，都對政大聘任升等制度提出建議，促成政大於九十九年初組成專案小組，研修相關法制。歷經八次會議、舉辦修法說明會，並依據與會教師所提意見，再調整相關條文，完成聘升法制的修正案，由校教評會及校務會議審議通過。新法自一○○年六月施行以來，依新法提出升等的教師於一○二學年度第二學期達到十六人。

新法最重要的修訂是重新分配研究、教學及服務評審標準的比例，由百分之六十、百分之三十、百分之十修訂為百分之五十、百分之四十、百分之十，並明訂升等成績的計算應該以研究、教學、服務成績合併計算，不輕忽研究的必要價值，但提高教學在升等評審中的重要程度。同時刪除升等員額的限制，增訂有關救濟途徑及期限的內容，以展現鼓勵升等的態度。

另外，為了提昇政大學術研究水準，以及鼓勵舊制助教升等講師後能善用本校鼓勵舊制講師助教進修辦法，繼續進修取得博士學位，進而提升政大的教師素質及教學品質，經投票表決通過：助教升等講師後應比照適用政大新進教師限期升等辦法，在八年之內通過升等；同時建議修正政大新進教師限期升等辦法相關條文；並修正以體育類科成就證明或應用科技類科技術報告送審者，審查人數及提會門檻比照專門著作送審相關規定辦理。校務會議並責成人事室至各院或針對有升等需要的教師，必要時以辦理說明會的方式，擴大溝通。

尋找評鑑中的大學自我

大學評鑑原本是為了衡量辦學成效，近十年來，教育部、高教評鑑中心的規範被視為玉律金科，政策目標與技術工具成了教育核心，教育理念與評鑑工具主客體互換。

◆讓大學成為評鑑的主人

一〇一年七月教育部開始讓大學嘗試擔負更多自我評鑑的責任，政大於是展開一連串的師生對話、專家諮詢、個案研討，在一〇一年十月完成政大系所評鑑實施計畫。我們認為在評鑑中應該更積極地提出自我主張、彰顯系所辦學特色，同時致力於塑造同儕專業協助的正向評鑑關係、強化評鑑與辦學發展系統性思維，並不斷自省：

・系所在教、訓、輔各方面的基本運作是否達到國際一流大學的要求？

・系所培育的校友是否均能發揮所長、參與社會？

・在華人高教社群中，政大辦學是否定位明確、獨樹一格？

・系所是否清楚理解目前的挑戰與問題，同時能提出具體可行之因應策略，展現追求卓越的強烈企圖心？

◆評鑑研究資訊中心的願景

我們謹慎地面對前置工作，希望未來可逐步發展評鑑研究資訊中心，提升評鑑專業水準，讓龐大的評鑑資料發揮累積性、可分析價值，反饋到教學現場。

目前政大的評鑑制度包含三個層次：

基礎檢核

逐年統計追蹤「全校性共同指標」及「院系所特色指標」的表現，並考量學科差異，以供各教學單位掌握基本辦學樣態。

課程結構審查

制定每三年一次以平常課程資料提交外審的政策。每一教學單位由三位校外專家學者進行審查，除了提供具體改善建議外，並分特優、優、通過、有條件通過及不通過五個等級，以協助系、所和學程檢討課程規劃的盲點、課程實踐的落差，並提供各級課程委員會更理性的證據進行課程改革與創新。

追蹤學習成效

透過發展課程地圖系統工具、推廣核心能力評量尺規（rubrics）、設計縱貫式長期追蹤問卷，進行每五年一次的核心能力養成總結性檢討。著力深化現有的各類追蹤分析外，對於追求國際專業教育認證之系所，也鼓勵依其國際要求（如：AACSB、IEET、RICS、APSIA）來執行；至於其它教學單位則責成各依其學科屬性，自行選擇或發展合適之學習成效評估方法。

◆初見評鑑改革效益，大學新力量浮現

在外部匿名審查結束之後，各教學單位的意見回應及處理說明都先經過院級會議討論，再安排跨院交叉審閱，這個設計讓各教學單位有機會從跨領域觀點檢視自我，汲取其他學院的課程經驗，帶動校內跨領域對話。同時透過評鑑設計，進入三年一次的 PDCA 循環，帶動教學單位對於教育目標、核心能力、學科視野的反思，可提供校級課程委員會作為審議各教學單位三年必修科目修訂的依據。

回顧走過的路，更驚喜地發現有些系所即使在課程結構審查中獲得「優」等評價，卻仍然參酌審查意見，提出相當程度的科目翻新申請，或進行院級不分系基礎課程的重整，展現高度的自我要求與熱情理想，讓評鑑從被動回應轉向自我要求。

校友聯繫

秘書處的前身為秘書室，自政大在臺復校至民國六十二年，只設置了兩名秘書，隔年才設主任秘書。近年因應校務所需，將秘書室改制為秘書處，使它兼具業務單位功能，形成一處三組的專業分工。除了文書行政的主要職能外，蛻變後的秘書處更積極發揮「凝聚」與「形塑」的功能，展現「在行政領域聯結校內公務體系」、「在校園內外凝聚師生校友的向心力」與「在外部人際形塑政大的人文品牌」三個維度。從校友聯繫的成果，更可見到秘書處在這逐漸立體化的過程中扮演的角色。

下次回校不妨辦一張校友證。

用家打造校友服務中心

◆服務定義一：溫暖

秘書處三組同仁為校友服務下了一個新定義——「溫暖」。服務中心成立的目的除了將校友相關事物簡化為單一窗口，並在校友返回母校時提供接待、憩息，更希望讓每位校友重回政大時，都有回到「家」的感覺，而非只是販售校園紀念品的商店。

因此，校友一走進位於校門警衛室後方的服務中心，駐守的工讀同學總以一聲親切的「學長」、「學姐」、一句輕柔的問候，伴隨著青春的笑靨傳來；黃暈的燈光灑遍了原木裝潢的內室，來訪的校友都會感覺像回家一般放鬆。

民國九十七年，當時的主任秘書樓永堅創設了校友服務中心，至今已迎接了超過五萬人次的校友。這個數字的背後有著誠意與奉獻。為了讓校友不受工作日的限制，校服中心是少數週六仍不關門的單位。白從落成以來，在免費提供的小型聚會所

走進97年揭碑成立的校友服務中心，工讀同學親切的「學長」、「學姐」、一句溫暖的問候。

伴隨著青春的笑靨傳來；黃暈的燈光灑遍了原木裝潢的內室，來訪的校友都會感覺像回家一般放鬆。

裡，已舉辦過近百場小型同學會。此外也與校內學生導覽志工團體「引水人」合作，從校友服務中心出發，領著校友在新舊校舍之間重溫大學回憶。

◆服務定義二：周到

曾有一位畢業多年的馬來西亞校友拜訪了中心，回憶起念書時正是國共內戰，政局動盪，沒能領走畢業證書，這一直是他的遺憾。於是值班同學主動陪同校友到註冊組「碰碰運氣」，沒想到那紙遲到多年的畢業證書，就像庋藏在櫥櫃深處的祕密鐵盒般出現，讓這位校友流下感動的淚水。

除了校友接待之外，中心最主要的營運重點為校友證辦理業務。自九十三年開始發行以來至九十九年全新改版前，申請人數已經超過九千人，但過去持校友證進入圖書館仍要配合出示其他證件，無法像學生證直接感應通過門禁，於是秘書處主動研擬設計新版的晶片感應卡，提供三年一期的一般卡與終身卡兩種選擇，方便校友憑證使用圖書館、體育設備及校內停車服務。目前的校友卡採「使用者付費」的模式，由廣告系十五屆系友廖國成負責設計，挑了政大人最感親切熟悉的四維堂為主題，以色彩鮮豔的水彩畫來呈現四維堂的季節性與人文氣質，「以政大人的角度呈現政大風貌」。

校友新傳統　五月回娘家

◆穿梭時光三十年

與校友服務中心相襯的是「校友返校日」（Homecoming Day）的政大傳統。最早源自秘書處每年舉辦的薪傳校友返校活動，主要協助各班級連絡人組成聯誼會。九十八年起才擴大舉辦為「校友回娘家」，固定在每年校慶前的週六，主力邀請畢業三十年的校友返校敘舊。

秘書處在策劃校慶的同時，還籌辦「校友返校日」相關活動。除了舉辦校友聚會「話家常」，同時與引水人合作籌畫「重溫校園之旅」。還有帶領校友參觀「校史特展」，甚至特別展出當年的畢業紀念冊或當年的入學榜單，讓校友重新回到「旅程開始的起點」。這些小設計、小細節其實費盡心思，但是當校友站在榜單或畢冊前發現自己名字時，臉上的驚喜慰藉了同仁的疲憊和辛勞。

一○二年，適逢在臺復校六十年，五月十七日的校友返校日，主秘李蔡彥與秘書處同仁精心規劃一系列活動歡迎校友回娘家，當天中午，在體育館席開九十桌，近千位從世界各地返校的校友，穿梭時空三十多年，齊聚一堂。

◆回憶屬於未來式

追昔是「校友返校日」的基調，但是回憶不僅是過去式，也是未來式，透過回娘家，新舊政大人也傳承「親愛精誠」的校訓。

「文化盃合唱比賽」是每一代政大人的共同記憶，而返校日當天的「校友文化盃」則以指定曲〈政大校歌〉的旋律和歌詞，作為學長姐與學弟妹之間的共同話語。九十九年，理學院在校門口噴水池畔舉辦「重溫舊夢，大學生的第一隻舞」活動，在水光人聲中響起「第一支舞」的音樂，由學弟妹主動邀請學長姊，在青石地上翩然起舞。一○二年時，棒球隊歷屆校友在校友返校日上進行了一場兩隊友誼賽，超過三十年的距離，在共同的興趣下得到聯結。

政大的校友向來以向心力和凝聚力強大著稱，不但對於支持母校發展不遺餘力，更把幫助學弟妹當做「份內的事」。自民國九十二年起，畢業三十年第三十三屆校友為感念學校、師長的栽培及因應

薪傳獎學金的成立初衷是由畢業校友資助清寒學弟妹安心就學，也期勉他們未來能將感恩的心傳遞給學弟妹，完成「愛的循環」。

當時環境不景氣，主動發起募捐成立「薪傳學生助學金」，以「薪火相傳」為宗旨，獎掖家境清寒且遭遇重大變故而無力負擔學費的在校學生。這份雪中送炭的精神傳續數年，不曾間斷，薪傳獎學金的捐贈儀式也成為校友返校日最動人的篇章。這一份心意將資助清寒學弟妹安心就學，直到學成畢業，同時也期勉得到獎學金的學弟妹，未來能繼續將感恩的心傳遞給學弟妹，完成「愛的循環」，從回憶茁成的大樹，也會不斷以落果沃養其根壤。

薪火三十　光照指南：三十大講堂

◆合點一束知識的薪火

透過秘書處織成的校友網絡，在校園中也發揮了宏大的知識動能。民國九十八年由周吳添學長召集的第三十九屆班級聯絡人，經過近一年時間創意的發想和規劃，發起「薪傳系列講座」，邀請畢業三十年的政大校友，將自己人生的閱歷、價值觀和各領域專業領域的重要課題分享給政大的學弟妹和參加的來賓，讓政大的優質學養繼續傳承，也讓畢業三十年的校友有機會與學校持續保持良好的互動與往來。

延續薪火的使命傳承至第四十一屆校友手中，更擴大「薪傳」的涵意，規劃「政大三十大講堂」，尋訪在華人社群或國際間，在各個領域具有傑出成就、高廣視野的人士，邀請他們進入校園，帶領青年學子作不同角度的思考和對話，以多元激發政大學弟妹的潛質與自信，期望藉此開啟校友回饋母校的創新作法。誠如外交系友、同時也是催生「政大三十大講堂」召集人之一的姜豐年先生表示：「我們想辦一場活潑、且具『高度』視野的講座，以回饋母校」。自這個堅定的理念濫觴，一個由校友贊助、籌邀講座人選，學生會負責籌組講座進行，校方行政支援，校內教授提點指導，分工合作、前攜後進的校園傳承接力模式於焉誕生。

◆照亮政大品牌

姜豐年促成前NBA明星球員姚明擔任「政大三十大講堂」的首位講者，推出「從姚明的高度看世界」專題。當時活動檔次行程敲定到講座當天只有短短的十二天，雖然籌備的時間緊湊，但透過校友、學生及行政單位通力合作，從設計活動海報、宣傳立牌並拍攝活動短片，樣樣打點穩當。活動當天也透過與藝文中心志工合作，協助引導上千民的聽眾，並由傳播學院影音實驗室進行轉播錄影，成功籌備一場由政大人表現主導的專案。

但秘書處不以此為限，以第一次美好的經驗為基礎，後續的系列講堂如「為土地種一個希望　嚴長壽╳司徒達賢」、「貨幣戰爭　宋鴻兵╳謝金河」、「我是歌手的心路歷程　彭佳慧╳別蓮蒂」、「放膽尹衍樑，挑戰！引領時代」，每個主題都不斷嘗試新的模式及新的挑戰，運用線上文字直播，兩岸社群網絡同步轉播，即時線上互動等方式，讓更多人可以參與講座活動。而秘書處還有一個更遠大的企圖，計畫結合兩岸學校共同辦理，在兩岸校園間建立講座的口碑，形塑政大的品牌，輸出我們的經驗與積澱，供作外界找尋大學典範的憑藉，讓政大成為通往美好人文社會的橋樑。

Insistence and Expectations

遠眺：逐夢不息的熱情

期許政大找出自己的獨特面，為臺灣高教創造另一種典範。

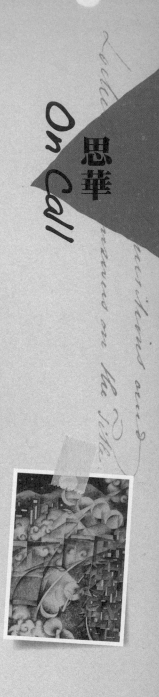

思華 On Call

時代的巨輪不斷向前推移，新的社會議題層出不窮，我們必須持續燃燒追逐夢想的熱情，才能確保大學的穩定發展。展望未來，大學將面對三個共同的挑戰，第一是少子化、高齡社會的來臨；第二是數位科技根本改變了知識傳播路徑；第三是社會對於知識創新向前延伸的積極期待。

少子化，加速教育產業化的趨勢

依據官方推估，臺灣將在民國一百零六年時成為「高齡社會」，臺灣人口零成長將提前在民國一一一年發生。這意味著，大學除了本地十八至廿歲的年輕學生族群外，還需尋找其他的主要受教對象。此外，政府資源日益緊縮以及學費管制政策等結構性因素，讓開拓新的受教族群成為大學的重要資源。終身教育、回流教育、吸引境外生都成為大學勵精圖治必爭的新寵，教育產業化已經成為現實，不再是紙上談兵的概念。

什麼是教育產業化？這是指現在的大學必須要開始自己承擔收入跟支出之間的對應關係。除了辦學的資源面課題之外，教育產業化的另外一個比較大的意涵是教育供需對價關係的平衡。商學院辦 EMBA 就是最明顯的例子。當學生成為一個必須要去服務的重要對象，也是學校主要的資源提供者時，教育者就必須要得到他的支持或他的滿意，才可能使他願意支付高的學費，也才能達到高品質、高滿意的教育結果。

教育產業化所衍生另一個問題是爭取學生。特別是當全世界越來越多互動時，我們除了希望學校的學生來自於全球，也希望我們培養出來的學生能在全球工作。為了讓好的、足夠的、但不熟悉學校的學生能夠進到學校來，各大學開始比以前更關注大學排名、學科排名。排名，成為一個現實的考慮，是經濟世界裡代表品質的象徵、一個品質訊號；在教育產業化結果下，搶學生、爭排名、搶名牌教授形成一個必然的迴路，它也影響到科系動態，教育世俗化或熱門科系越趨迎合市場需求，越滿足短期的產業需要，就越容易發展；相反的，越基礎的學門、越無市場性的學科，就越趨式微。如何平衡理想與現實，考驗著每一所大學。

數位科技，改變知識傳播路徑與想像空間

第二個議題是數位科技的衝擊。最直接明顯的例子即是太陽花學運所帶給我們的啟示，在短短數日中我們看到的除了是新媒體科技速度快、反應快、動員快、串連快所引發的公民意識再次抬頭外，公民因追求事實若渴，發揮集體智慧，所創造的龐大且多元資訊平台，更讓我們理解到網路時代課堂學習已非唯一主體。數位科技，一方面正在快速翻轉教育面貌、改變傳統知識傳播的途徑；另一方面，它也在超越我們對資訊的理解與掌握，無止境的大數據產生、獲取、挖掘與整合，正在發生革命性的影響。我們不禁要問，未來學校還需要擁有實體校園嗎？教師又該扮演哪種角色？如何加大我們對於知識傳播的想像？

知識創新延伸：知識產權化衝擊知識公共性

傳統的大學知識學習是一個人類文明的傳承過程，期待能夠培養未來社會的全人，與經濟社會發展並無直接對應關係。然而，在知識經濟時代，知識成為產業持續發展最重要的動力來源，知識的加值過程也就成為在現代知識經濟體系中一個非常重要的議題。這個大趨勢使得大學在前端所產出的基礎知識、中游研究機構的應用知識，以及在產業界最後的商品化過程中，形成一個可直接串連的知識創新價值鏈。這樣的趨勢也因此讓校園內部開始走向知識產權化，也就出現了一個新的系統，包括知識擁有者的界定、專利權擁有、專利金回饋、育成中心設立，以及科學園區營運。

從深層討論，這個創新價值鏈的形成，一方面改變了產業的競爭型態，另一方面則不只讓過去的大學價值與定位受到全新的檢視，也更快速的改變了大學在社會上的角色。這個趨勢也使得人文社會科學的發展受到很大壓抑，因為它沒有辦法證明自己最後有變成產業的可能，也就是投入的科研跟最後的產出之間的連接關係不明顯。這情形在全世界都差不多，但是如果從長遠的人類發展的觀點來看，這是個很大的問題。因為大家看到的都是短期內產業發展的可能和價值，完全忽略了大學其實是人類文明傳承的重要場域。

未來的高教會是怎樣情景？人文學術何去何從？

我們必須承認當教育產業化、知識財產權化、傳播數位化這三個特質進入大學，其實學校和老師的關係、老師和學生的關係已經有了本質性的改變。在這種氣氛下，以人文社會科學見長的政大面臨空前的危機，從更宏觀的高教發展角度來看，無論對政大或對臺灣而言，這其實是高等教育繼續發展過程中最嚴肅的一個挑戰。

但當我們深刻反省大學的價值的時候，我們必須承認，一個校園內部最值得珍惜的其實還是在於師生之間的長期互動，我們也相信大家一定會同意，知識真正要進行大的創造，師生、學校之間應該維持一種長期穩定的合作關係，才會有大的知識變化，否則必將崩壞瓦解。這就是所謂的學術人文精神。

學校、老師和同學大家都認為大學是一個生命共同體，都願意長期共同合作來經營這個校園，豐富這個校園，這才是一個更健康的發展模式。從辦學的觀點來看，我們深信應該讓學術人文精神在校園裡面要有一定的維繫，否則過度屈就於環境的趨勢，那你就只是回應，也許有短期績效，但這樣回應的結果就是如後來很多大學校長所說的「沒有靈魂的卓越」，迷失了大學存在的中心思想與價值，這對高教的長期發展是不利的。

在這樣的大趨勢下，政大一方面必須盡一切可能維持辦學一流的水準，讓政大仍然能夠被認可名列頂尖大學中；而另一方面，我們也必須不斷反問，在所有頂尖大學的發展過程中，政大有沒有可能創造出更有典範意義的教育活動，追求「高教的唯一，而不是第一」的價值？換言之，也許政大在論文發表上無法領先，也許在所謂的產學合作上落後許多，但政大有沒有可能在其他地方，展現屬於政大獨特的一面。這個獨特面是在教學、學術服務、人才培養或治理系統上，有一個跟完全不同於別人的做法，為臺灣的高教創造另一種典範？

教學：自主、生活、跨域

鑲嵌於校園生活，無所不在的學習

我們深信學術人文精神是用以回答實體校園價值不為崩潰的最好答案。政大如果作為一個以人文社會科學為主的國立頂尖大學，我們就應該有責任把這件事情做得更清楚、做得更特別。

首先，我們必須理解網路世代與我們的差異，也就是說，我們應該有勇氣，讓教學與學習兩者，從過去的教師本位教學轉換為在學生的思維架構下推動以學生為本位的教學，特別是數位學習管道的善用，以及學習模擬情境的創造。

其次，我們必須建構緊密的師生互動關係。長期以來，商學院個案教學一直為各界所肯定，它之所以成功的原因在改變課堂的師生互動關係。傳統大講堂式教學，容易落入師生互動不足的情形，不只學習者的學習動機無法被有效關照，學生很重要的組織知識、建構論述、適當表達等能力，也就容易被忽略。未來我們勢必要更全面的落實大班教學、小組討論的政策。

過去，師者，傳道、授業、解惑也；未來，師者，解惑、授業、傳道也。

第三，我們必須善用實體校園的意義，校園本身就是一個結合地域特性、無所不在的學習場域，如果我們能夠將校園當作是學習場域，它就絕對不可能被科技取代、不可能被國外大學所取代，因為這個場域是沒有辦法複製的，至少是不容易複製的。

因此，宿舍、餐廳、廚房、學生活動中心都是可能的學習場域。目前我們配合博雅通識、書院通識、生活通識、語文通識的推動，已將學習與生活環境有機連結，讓學習在生活的每一個面向，無論是吃飯、休閒、睡覺，都能自然地進行；也透過整體宿舍環境的改造、打造空間特色，將生活與學習機能無縫接軌，發揮環境教育的功能；並建立一個更完整的學生輔導系統，讓通識教育與專業教育可以更有效地融會。政大的經驗已經吸引海內外百餘單位前來交流，未來如何讓學習與校園生活連結，創造處處可學習的環境，也應該是我們持續精進的目標。

過去人文社會科學領域因其學科屬性與研究方法差異，實驗場域多半在田野，然而隨著人文與科技跨領域整合趨勢，新工具、新方法、新的產業型態不斷推陳出新，動手做或走入實驗室面對現實世界問題，已不再是自然科學領域的專利，也成為人文社會學科學習的新主流。

過去我們已有創意實驗室、數位藝術創意中心、經濟行為實驗室以及傳院和教育學院建置的研究導向實驗室，也建置了 fMRI，這都是讓人文社科學生走入新的實驗田野，接觸更多更新的前沿議題的安排。一〇三年配合研究總中心啟用，新的 3D 展示棚、玩物功坊、物理教學實驗室、數位教學發展教室、數位人文實驗室、夢想實踐館、藝術農場等將一一建置完畢，提供師生多樣的實驗設施與木工鉗工工作檯、小型攝影棚、3D 印表機、書寫投影牆等等實作資源，讓天馬行空的創意有具體實踐的場域。宣告政大翻轉學習、讓學生主導學習的時代來臨。

翻轉教室翻轉教學

當太陽花學運在立法院綻開，許多同學靜坐抗爭、挑戰政策、共商國是的時候，多元的氛圍下，學習產生了改變的力量，但也需要穩定的力量，校內的師生繼續授課與學習，也有同學在我們行政大樓旁的羅馬廣場進行公開自由的言論發表，還邀請學者、記者來到現場；也有的同學回到宿舍後，對

在羅馬廣場開講。

各種公共議題產生批判或疑惑，雖然在網路上可獲得單向片段卻可連結的訊息，但更多同學去找他們所信任的老師，提出疑問、產生對話，這些對話可能又會產生更多的漣漪，然後同學們繼續深入瞭解與認真研究，形成一個正向的循環，才能真正發揮知識的力量。

這些方式與管道都代表了現在學習的進出自由度，也點出了今日學生面對的環境複雜度高出以往許多，但是所能擁有的機會也是以往遠遠不及的，或許就如狄更斯在《雙城記》中所言：「這是最好的年代，也是最壞的年代。」無所不在的學習，場所從教室移到任何可能的空間，所以如何去創造一個可以針對特定議題直接對話相互思辨的校園環境，是未來一個更大的價值。

研究：人本、在地、共創

現今社會過度強調知識和經濟價值間的關連，從科技產生技術、技術獲取專利、專利創造產品、產品得到利潤的這條知識價值鏈已被建構得過於牢固，造成臺灣高等教育往理工學科傾斜，人文社會

如何去創造一個可以針對特定議題直接對話相互思辨的校園環境，是未來一個更大的價值。

科學較受忽視。然而我們深刻體認到，在歷史長河中，唯有豐厚的人文創作，加上健全的社會制度，適當的科技創新，才足以建構成一個真正讓大眾有幸福感的創新社會。

建設創新社會，首先需建立「人文創新」的思維邏輯，從人的觀點有效運用。人文創新，指的是所有創新活動都應以人為本，真正解決未來社會的問題；創新需要結合在地的人文與地理脈絡，發展出獨特的創新模式；同時重視基層的創意，鼓勵創作者與使用者共同參與創新的過程，共創價值。具體地說，人文創新包括「以人為本」、「在地創造」、「共創價值」三個要素。

首先是「以人為本」。創新要以科研與文創的成果為基礎，但最終還是需要能夠解決社會的問題、滿足大眾需求，才算是有價值。過去多年來，儘管科研論文與專利數目明顯地增加，但成功技轉比例低，技術貿易逆差持續擴大，未能帶動產業轉型，社會大眾更對臺灣本土的科研成果毫無感覺。未來臺灣要走進創新社會，必須強調「以人為本」，科研與文創計畫都不應只以簡單的量化指標為目標，而要直接與社會和產業對話，滿足未來社會的期待。轉型準備過程中，全面培養對未來的想像力實為當務之急。

其次是「在地創造」。檢視臺灣的產業以中小型企業居多，技術深度不夠深厚，更欠缺國際品牌與行銷的能力，短期內不容易有典範型創新的可能。但若是能結合臺灣特有的人文與地理脈絡，以「在地創造」為念，則在服務、設計與應用系統方面應該是大有可為的，可直接和社會大眾分享，在中國大陸與快速興起的新興國家市場中也可取得一席之地。

第三是「共創價值」。創新並非只來自研發生產製造者，更來自廣大使用者的共同創造，Google、臉書、Apps 的崛起都是很好的例子，藝術創作的過程更容易讓一般民眾分享參與。因此，生產者與使用者要發展成為共創價值的夥伴關係，而非傳統的供需關係。

真正的人文社會科學學者應該努力的氣度是運用思想與觀念改變社會。

「以人為本」、「在地創造」、「共創價值」三個元素也可以是未來學術研究的三大公約數，反映於議題設定、學術實踐，以及成果展現的不同面向。就如同我們對學術的期許，政大擁有國內最完整的人文社會科學科系與學術傳統，我們期許政大成為臺灣看見世界的眼睛，通往未來美好社會的橋樑。

議題：關注社會需求，站在高點看未來

人文社會科學與自然科學是不同的知識發展系統。自然科學是一種累積性的知識，從最基本的知識開始不斷累積，最後理解整個自然共同世界。社會科學研究不是知識累積的過程，而是不斷跟社會對話的過程，因為對話才知道環境的實際面與可能的問題解決方式。也就是說，美國的社會工作問題跟臺灣的社會工作問題是不同的，把美國的社會理論拿到臺灣也不能直接套用，臺灣也不一定能在它的基礎上再去發展。所以當自然科學喜歡推崇 SCI 來顯示學術 impact（影響力）時，我們則必須理解社會科學真正的 impact 不在於學術社群，而在於社會。

所以當我們爭辯於以經濟發展為前提支持核能是不是迷思？廢核是不是臺灣經濟發展不可承受的重？臺灣該如何制定能源政策？一連串的公民不服從運動，是否代表臺灣引以為傲的民主政治失靈？學界同仁面對這些議題更應該先反省的是自己的學術研究跟社會、跟土地是什麼樣的關係。

政大具備社會前瞻性，我們鼓勵各院就其專長，從空間上放眼全球局勢，深耕區域研究，也必須從時間上預見未來，想像人類生活形貌，協助社會制度創新，設計一套更適合未來需要的秩序，讓人們精神生活更加豐美。這都是政大人所應肩負的責任，也最有能力達成。

以外語學院為例，政大擁有阿拉伯語、土耳其語、俄語、韓語等二十多個語種，過去這些冷門科系的價值在今天正因為新興國家興起而炙手可熱。他們結合政大的法律、商管、政治外交強項，成為臺商企業前進新興國家最重要的夥伴。當企業有興趣，社會價值就出現，產學雙方願意共同培養人才，就能形成雙贏的局面。

又如社科院，除了中國大陸研究外，也關注更與臺灣現階段面臨的幾項迫切議題如：國土安全、年金、銀髮經濟、少子化、勞力市場、健保改革、綠能城鄉、公共治理、社會培力、文官養成及家庭決策等等。雖然這些研究沒有高經濟價值，但攸關社會的安定，它的影響力就顯得重要而迫切。

又像是選舉研究中心，它則是非常系統地累積臺灣所有大小選舉，每個地方開票的結果、投票的情況，成為一個很大的資料庫。現在因為亞洲民主化成為一大潮流趨勢，選舉研究中心除了系統性的臺灣選舉研究之外，也進一步與其他國家如日本、韓國、紐西蘭等做比較。特別是大家關注臺灣民主將會怎樣繼續往前走時，我們的研究自然就會有很大的參考價值和影響力。

此外還有創新研究、未來傳播研究以及公共政策論壇，政大做了十幾年，以及近年新興的東南亞研究、印度研究、中東研究和數位人文研究都是現在最關鍵、熱門議題，也是政大的強項。

我們堅信，真正的人文社會科學學者應該努力的氣度是運用思想與觀念改變社會。政大的社會科學研究，也必須站在高點看未來，更必須不斷地問我們怎麼才能跟這個社會有好的連接。

實踐：走入社群，實踐學術

從倫敦政經學院的經驗得知，人文社科研究唯有與土地對話，才有產生新學派的可能。而當一

學習在地知識，透過集體智慧協力尋求突破，是大學踏入社會很重要的一步。

般社會大眾知識水平高，知識掌握已不再僅限於精英時，在精英引導外，就必須更重視廣大社會人民的參與和合作實踐。

民國一〇一年行政院國家科學委員會（即現今的科技部前身）推出大型的「人文創新與社會實踐專題研究計畫」，政大由湯京平教授擔任計畫主持人，選定鄰近政大的烏來地區做為社會實踐的基地，推動「烏來樂酷計畫」，成為全國少數通過國科會此大型計畫的學校之一，並隨之展開以「知識引導實踐、以實踐創造知識」的社會創新實驗。

烏來樂酷計畫從過去許多原住民地區的社區營造經驗出發，希望找回泰雅族人的特質與自信，推動異於主流市場經濟的另類發展模式，並在多元經濟概念下，讓社區經濟與主流經濟保持若即若離的關係，提振原住民拒斥外來資本制導的信心，並透過集體行動來守護保留地、創造更多觀光資源、設立公平的分配制度，使部落族人發展均霑的利益。

學校的另一實踐型案例則是「創立方計畫」。我們希望對身陷創業困境的工作者提出一些幫助，於是在民國一〇一年七月在公企中心成立臺灣第一個以共同工作空間（co-working space）理念經營的「創意創新創業交易所」，簡稱「創立方」。創立方所秉持的信念是，創業初期，人文社群的相互支持，遠比科技設備的共用更重要。也因此每週一的大資料時代、週二的 EMBA Tuesday、週三的 Picnic Wednesday、週四的 Pick'n'Mix Thursday（英國糖果屋活動）成為創立方提供給進駐團隊最大的支援。如果將傳統育成中心比喻為養殖漁業，創立方則屬於生態園區，一個以創業資訊、資源、人才交流為主的平台。這個模式已在社會上得到普遍的迴響，正被廣泛地複製中。

兩個實踐案例都讓我們反省了既往學術群體從高度俯瞰社會的權力視角，也深刻體會到從學理角度體認社區的困境，學習在地知識，透過集體智慧協力尋求突破，是大學踏入社會很重要的一步。

因此我們在校園內推動泰雅學，自一〇二年七月起我們從烏來的福山部落開始推動社區營造，先由族語教學、織布工藝以及生態社區營造等與居民息息相關的面向入手，也在一〇三年五月正式啟動烏來社區「烏來樂酷計畫」部落工作站，讓師生對泰雅文化產生興趣，確保源源不絕的師生人力能夠投入烏來服務的行動中。而繼創立方的成功經驗後，我們再次以新落成的研究總中心為基地，推出以政大學生及校友為主的共同工作空間——Hub D，導入創業資源與工作坊交流，歡迎充滿點子的個人或團隊，一同孵夢、築夢、圓夢。

展示：數位科技運用，影像展現資訊

過去學術成果的展現形式，多半停留在文字性表達，但這樣的形式較難以引發閱聽者的共鳴與感動，特別是人文社會科學研究常常伴隨著龐大資料蒐集及影像文本的累積時，如何在短時間達到學術推廣的教育效益就變得很關鍵。目前我們已在社會資料中心透過資訊視覺化及模擬模型的開發，建立直觀研究、實境學習與生動教學的知識擷取實體空間，協助研究者透過高密度整合與視覺化呈現多面向的分析資訊，並進行前瞻預測及重大決策分析工作。然而隨著資訊科技的日新月異，我們勢必要更加強數位技術所帶來的新媒材使用與新敘事表達輔助效益，不只要讓原本學術成果的嚴謹性得以保持，還要讓學術傳播的表達，能夠與閱聽人產生更直接的互動效果，更具可親近性。

建立以華文為核心的學術主體性

當全球化帶動不同文化頻繁互動，再加上中國崛起，中華文化吸引了全球各國學者的關注、研究以及國際學生學習興趣的時刻，如何回歸東亞政經社會文化脈絡掌握發言權，更顯得意義深遠。民國九十九年於政大舉行的海峽兩岸大學校長論壇中，與會的各頂尖大學校長都一致表示了樹立華文學術主體性為當前華人學界與大學教育責無旁貸的首要任務。

政大是國內人文社會科學學科最為完整的大學，為人文社會學界龍頭，經歷數年籌畫並編輯出版《中華民國百年發展史》的經驗，未來可以從幾個面向推波助瀾，以達成建立以華文為核心的學術主體願景。

其一，基於文明交談的必要，我們應主動出擊，鼓勵人文學者和學生運用當前全球化語言——英語，投入英譯原典、專業術語和論述，來向其他文化傳統和族群講述自家的文化、思想與人文精神。我們可以透過全球姊妹校網絡，推動國際學術合作躍升計畫（Partnership Enhancement Project, PEP）共同設立國際講座及進行國際合作出版。

其二，迄今能提供整體中華人文風貌、由華人編撰的綜論性著作可謂鳳毛麟角。除了許多新的資料與研究成果未能更新之外，現有用英語編、撰的中華文史哲綜論型教材與專論圖書，也多是出自歐美學者之手，所滿足的是西方學術目的，展現的是西方的觀點。我們可以積極推動《政大中華人文英語叢書》（*NCCU Chinese Humanities Book Series in English*），配合全球化所需新的學術、教育與文化戰略，取回華人學界對中華文化與人文精神的解釋權，從華人觀點，重新闡述中國思想與文化與人文精神。

這項工作應考慮整合校內及華人學界相關師資人力進行，並透過政大出版社與國際知名出版社合作出版，搭配英語學程開辦，進而逐步提升政大人文與社會科學國際化龍頭地位，並提高政大出版社編輯與國際發行能力。

其三，我們應該持續過去與華人地區重要大學的學術對話平台，已有相當口碑的兩岸三地人文社會博士論文獎，已成為華人地區極具指標性的年輕學者學術論述平台，而如何進一步讓學者攜手發展人文社會學術評鑑指標，跳脫西方學術理論框架，展現華人學術領域特色，以在國際學術環境中走出與其他文化體系不同的路徑，並樹立多元學術存在的尊嚴與價值，是未來的目標。

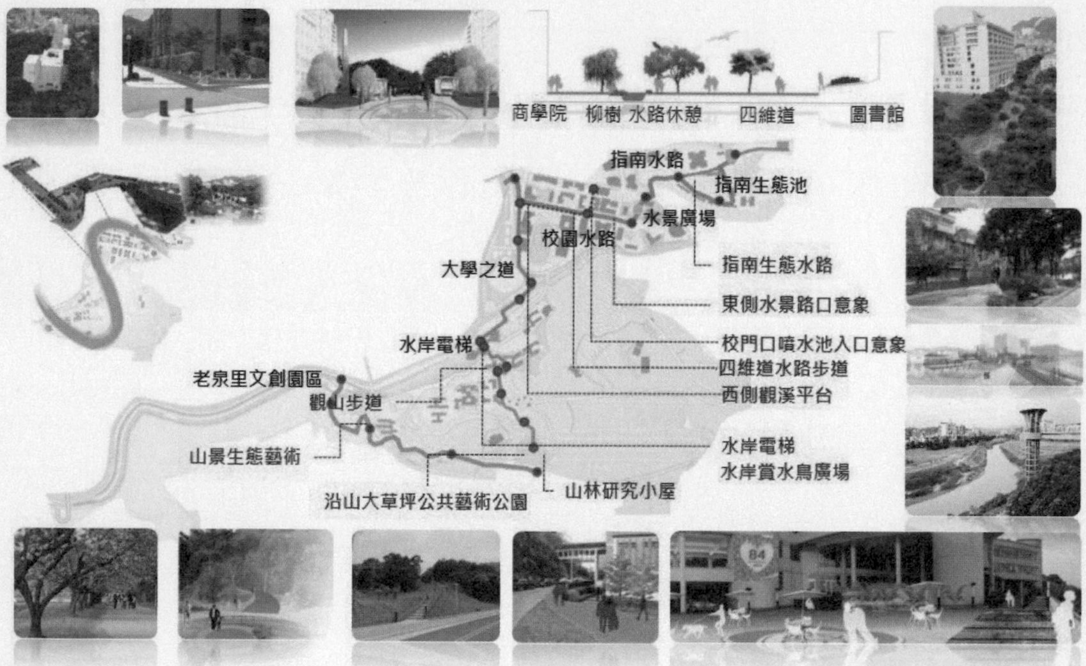

山水 S 路路徑圖

校園：人文、生態、創意

大學之道、山水S路

大學是城市的重要資產。民國四十三年政大選定在木柵地區復校，座落於景美溪左岸，擁有得天獨厚的山水條件，李元簇校長任內，政大校區從山下擴展到山上，占地一百公頃；在歐陽勛校長任內更大致完成了山上校園的建設。一山（指南山）、兩河（景美溪、醉夢溪）、五座橋（道南橋、濟賢橋、萬壽橋、恆光橋、渡賢橋）、九學院、十景賞的脈絡，結構出校園豐富的在地文化及教育資源。民國一百年，獲行政院核定，指南山莊劃歸政大校地使用，新校區緊鄰校本部，總計十一點零三公頃。

我們的十景賞為1.日昇：朝迎晨曦登樟山，2.日落：暮送夕陽步長堤，3.

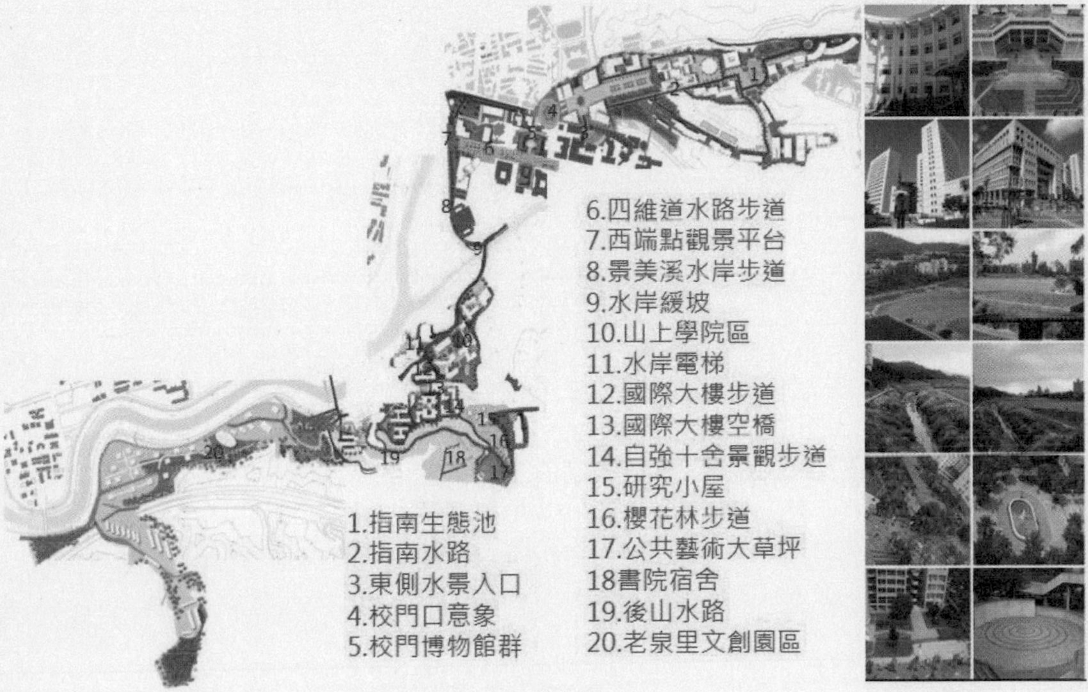

山水S策略地點

春耕：醉夢湖畔品學思，4.夏耘：環山森林浴創想，5.秋收：好漢登坡眺願景，6.冬藏：紅櫻綻枝望新年，7.親民：景美溪旁踏車行，8.愛物：指南山下觀魚游，9.精實：四維堂內學毅梅，10.誠心：八德道路習鴻儒。

美麗校園和美麗城市都是我們想要追求的目標，正所謂城市是土壤、人文是花。過去大家習慣把校園和社區當成兩個獨立的個體，但實際上不管從區位特性或生活機能面向，政大和文山區的社區居民緊密相連，在生活還是情感上都是密不可分的。

所以，我們一直在思考如何讓大學校園活動與社區的生活機能有更緊密的連結，讓實體校園的價值不被崩壞，這必然是未來大學必須面對的問題，而且是最有價值的問題。我們的中心思想是，大學擁有豐富的知識資本以及堅強的人文社群，它對社區最大的價值在於可以帶來不一樣的文化氛圍。先進國家已有許多以大學為核心來服務周邊的區域，發展新市鎮計畫，促進都市再生的成功案例，所以我們希望讓景美溪的左岸也成為都市整體計畫發展之一，創造雙贏的局面。從總務長陳木金開始，接棒傳承的邊泰明、蔡育新，總務處校園規劃組啟動了大學城計畫，從大學發展出發，以大學為核心，創造一個不一樣的社區環境。

◆山水S路：串起政大新風貌

《大學》有言，大學之道在明明德，在親民，在止於至善。我們希望以「山水S路」來體現政大的大學之道，展示指南山水之美、尊重自然生態倫理，訴說政大人文學術的創意活力。

政大山水S路主動線由山下校門口博物館區與東端點社資中心開始，沿著四維學術大道漫步至西側水岸平台；橫跨平台沿景美溪經水岸絲路達水岸願景印記平台後，再搭乘水岸景觀電梯直達山上校區的藝文中心，隨後至國際大樓搭乘戶外電梯，過了天橋抵達自強十舍之後，再沿櫻花步道至大草坪為終點。它不僅是校園連結山上及山下校區的通行步道，優美的自然景觀以及隨著四季變化栽種不同花木，串起了全校重要山光水景。

其中景美溪水岸步道旁的水岸電梯，是山上校區與水岸步道動線的重要交通節點，民國一〇一年完工，所有興建花費均由募款支應。它透過垂直聯結概念，不僅縮短山上山下交通距離與行進時間，鋼骨結構搭配透明帷幕，頂部採用王冠造型設計，凝風聚氣，也成為景美溪畔最耀眼的視覺端點。白天登電梯，景美溪沿岸水路彎抱的風景飽覽無遺，夜間藉由燈光投射的相互輝映，成為鄰近地區的夜景地標。

水路有情。民國一〇四年配合指南山莊劃歸政大，「山水S路」往東可延伸至指南山莊校地的生態池、沿著水路圳道、進入山下校門口博物館區。往西南通過研究總中心、大草坪、張家古厝，有機會串聯老泉里一帶的水路系統。一〇三年落成的研究總中心是政大地勢最高的建築，代表政大從高點望遠世界、從傳統走向現代的思想中心，而過去指南里、老泉里、萬興里可謂都市型的農村，但隨著國立臺灣戲曲學院落腳文山，以及優人神鼓等文化藝術團體的入駐，我們企盼政大山水S路流域豐富的人文藝術內涵，為臺北城南文創生活園區奠基。

指南大學城：結合社區生活與學習

配合指南山莊劃歸政大，不但可以舒緩政大空間不足的壓力外，也開啟我們對於建設指南大學城的一切可能想像。

大學擁有豐富的知識資本以及堅強的人文社群，它對社區最大的價值在於可以帶來不一樣的文化氛圍。

我們提出指南大學城計畫，堅信以大學為核心想像未來，應用既有知識營造創新生態系統，不僅能進行市鎮改造，甚至更應該建構國家型和區域型研究中心，這是將學校累積的知識用最簡單的方式回饋社會。澳洲昆士蘭科技大學將附近軍營納入學校的一部分進行改造，成為非常具有創意跟前瞻性的大學城，就是一個極具代表性的例子。

整個大學城計畫是整合現有政大校區與未來指南山莊校區，並配合都市更新計畫，捷運環南線的設站，改變校門口雜亂的街景。同時，再搭配與校園內的水路連結，規劃自行車步道，營造環保生態的校園環境。

由於指南山莊擁有未經破壞的原始林相與自然生態，規劃上以「生

指南山莊暨三角地規劃構想

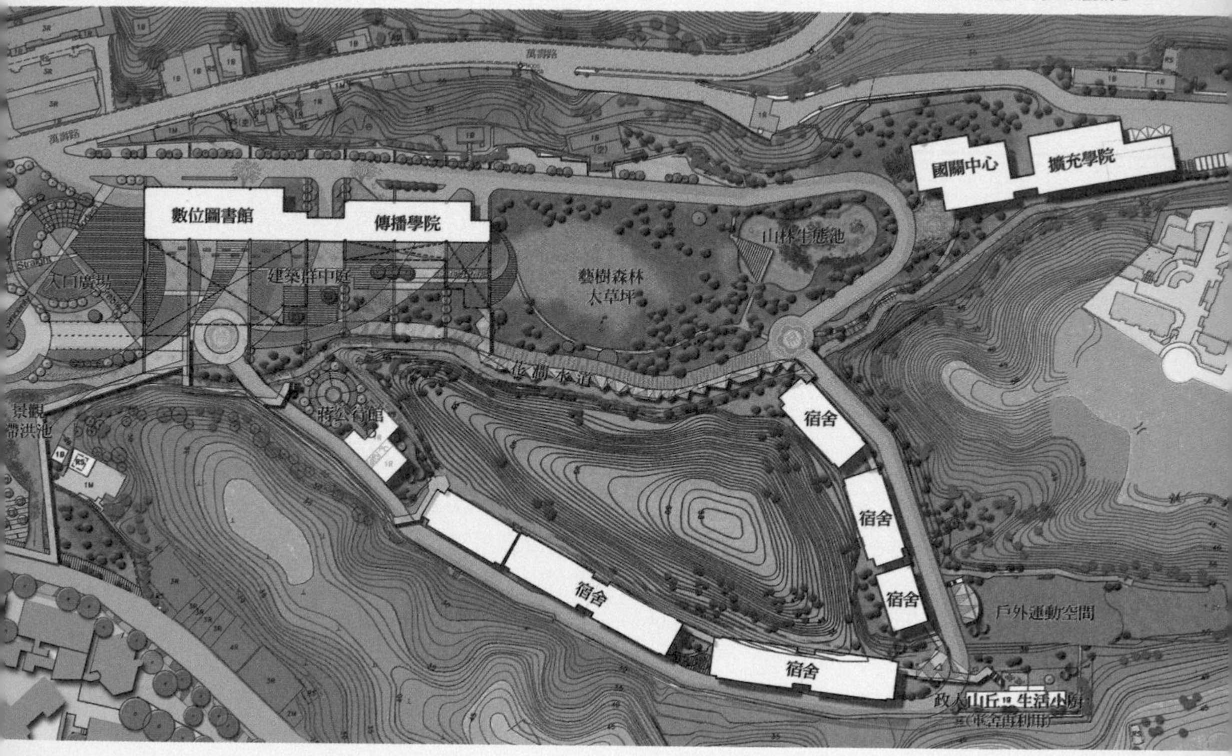

態校園」與「人文創意」為發展意象。除了保留原屬歷史建物的蔣公行館與生態池外，未來數位圖書館、傳播學院院館將會移到指南校區，形成數位人文教學研究特區，並搭配國際會館、國際會議中心、學生活動中心與宿舍區的興建。

校區能有新拓展令人興奮，但面對政大校園原本就有山上、山下兩區的切割問題，新的指南山莊校區規劃如何融入既有校園，交通問題是重要關鍵。為了因應未來校區擴大的交通問題，我們設計從圖書館為起點的人行空橋將指南校區與山下校區做連結，作為風雨走廊的延續，另外也規劃校區自行車和校車動線，讓同學能更便利穿梭於校園中，並同時計畫將校門口的三角街廓規劃為政大重要地標廣場，其東西側保留地打造為交通轉運中心，延伸出兩條垂直軸線，並藉此軸線創造出內部廿公尺道路空間，以解決現有校門前指南路二段擁塞的現況。如此一來，三角地與指南山莊校區有了空間規劃的連接，加上與現有校園軸線連結，將創造出山下校區、校內三角地、指南山莊校區及國關中心連續的效果，把散佈數處的校園連結在一起。

想像中，生態藝術大街未來會在指南路南側政大東校園出現，配合校園圍牆拆除計畫，塑造「無牆校園」的意象，並由校內開始逐漸推廣到校外地區，塑造綠意、水景氛圍的指南生態藝術大街。而在西側校園部分，則透過抽水站的美化改造，將水路意象連結至校園東側，以景美溪物種生態棲地延伸，形成自然生態廊道，並創造以行人為優先的街道文化。同時可以強化街道藝術氛圍與硬體建設，

我們所努力的是要讓這裡成為一個，與社區融入在一起的、很國際化、有多元文化的大學城。

配合保留地開發與學思樓一樓再利用，留設小劇場、露天展演空間、文創特色商店等藝文場域；軟體部分以結合藝文中心、駐校藝術家、化南藝術村駐村藝術家、社區合作發展委員會以及政大系所文化等資源，規劃藝文活動，妥善利用藝文場域，使文化藝術紮根，與生活緊密結合。

配合大學城計畫的推動，新光路上化南校區部分已規劃為法學院所在地；大智、大仁、大勇三棟建築物使用年限將屆，拆除後將另建理學院館。而長年為四維道所覆蓋的小溪流，也將在日後打開部分路面，讓小溪流露出，以水路貫穿校園，連結景美溪與指南山區，並以圖書館為起點，興建架高於路面上的人行空橋，延續風雨走廊，讓師生無論晴雨都可以一路從山上校區步行到指南山莊或是透過自行車步道往返於不同校區間。

除了硬體建設之外，強化軟體內涵也將是未來的努力重點。譬如改善龐大國際學生與社區居民之間的文化衝擊，特別是對於一個相對封閉的山城社區環境而言，我們要持續推動各種文化活動，讓國際學生跟這個社區有所連接，像是舉辦世界嘉年華等各種文化節，邀請社

研究總中心

區的居民跟外地生認識。又如每年由里長主動邀請外籍生參加端午節划龍舟比賽等。

我們深信一千多名外籍生的活潑熱力，足以讓政大周邊社區成為一個不一樣的社區。我們所努力的是要讓這裡成為一個大學城，不僅僅是一所大學，而是跟社區融入在一起的，具有不一樣的意義，很國際化、有多元文化的大學城。

前瞻之窗：研究總中心

如果校園裡有個空間，能讓各種類型的學術自由發想、充分交流、奔馳快意、靈光輝映，可以打破領域、打破時空、打破成見，甚至打破學院和社會的邊界，那麼學術發展能否更具前瞻性？研究趨向能否更具社會性？因為這樣的期許，所以我們打造了研究總中心。

於九十五年開始籌建研究總中心，一〇三年六月正式完工，位於山上校區的研究總中心，沿自強十舍後方步道，坐落於環山道旁，是政大校園內地勢最高的建築，更肩負起全校師生的期許，不僅是政大人的研究總中心，更是全臺大學整合人文與科技的研究重鎮。

研究總中心整體設計採用綠建築，並委聘潘冀建築師親自設計監造，分地上五層、第下一層樓，總樓地板面積一萬六千平方公尺，一樓規劃為結合文創的餐飲中心與3D數位展示棚，二樓有全新理念的教學空間與校級研究中心；三樓則結合數位人文科技，建立類似MIT的Media Lab；四樓的育成中心將邀請知名科技廠商進駐，幫助同學創業與就業；五樓則是研究團隊與國外學者的互動空間。

我們期許在厚實的研究基磐上，研究總中心會是座四通八達的橋，一端連接著政大源源不絕的研究能量，一端通向臺灣人文社會科學跨領域的新視野，一端連繫著國際研究的尖端成果，還有一端靜靜地延伸入蟲鳴鳥囀、嵐霞聚散的清景，留予學人乘興相尋。學術發展是動態的，隨著社會演進、科技發展轉變型態。

在研究總中心裡，科際界線暈散了，主題才是核心，透過不同類型的研究室、實驗室，各樣研究群體被組織起來。我們將藉著緊密的合作關係與良性的對話機會，暢通知識之產出、發展、運用與回饋的管道，描繪出立體的學術結構。我們相信，人文與科技的不斷對話將開拓未來的學術疆域，在總中心運作後，必定有無數特色學群接連誕生，一新社會對政大的既定印象。

國際創意生活城

延續我們對於以大學做為驅動國家創新發展系統核心的信念，我們考量到臺灣近年來在國際化趨勢的影響下，校園內的國際學生人數越來越多，除了提供學習資源之外，我們也思考是否能建立一個既能讓學生探索異國文化，又能兼具學習及生活的多功能住宿的活動空間，更重要的是如何在這空間平台上，整合大學聯盟的專長與特色，激發學生創新、創意及創業精神，發揮學術的社會影響力，創造新的城市發展典範。

放眼國際，法國巴黎大學城無疑是最具代表性的個案，迄今它仍然堅持創始理想，希望藉由凝聚青年之力，追求和平及重建世界秩序，建立共生和諧世界。

於是我們在一年多前提出一項以國際·創意·大學城為三大核心元素的開發構想，希望發展出一個屬於臺北市民的大學城。經過多次實地探勘考察，基於生活機能、周邊環境的考量，最後大家認定信義區的陸軍兵工保養廠是一個合適的開發基地。為此我們陸續邀集臺灣科技大學、臺北科技大學、陽明大學、臺北醫學大學、臺灣師範大學、臺北藝術大學及世新大學等八校組成「大學聯盟」，提出「國際創意生活城」計畫，簡稱「東村專案」。這專案由政大擔負起主導及溝通協調的角色，借重臺科大及北科大「智慧生態城」的規劃經驗、陽明大學及臺北醫學大學的醫療專業背景、師大的華語文教學資源、北藝大的文創產業推動經驗，以及世新大學媒體傳播的專業能力；加上政大在文創產業、創業育成、財務分析及規劃的專業。

國際創意生活城的面積為九點七九公頃，緊鄰臺北市最繁華的信義商業區，相對於臺北市東區時尚、大型、商業、連鎖的特質，我們期望國際創意生活城展現原創、簡樸、多元、獨立的特質，它並非只是提供住宿空間，而是藉由複合式生活城的概念，導入生態城市、綠建築、互動智慧城、青年創業空間及生活實驗基地等最新國際發展趨勢，並融入在地生活，成為臺北市都市發展的新亮點。

在空間配置上，本專案規劃五個建築街廓及兩個公園用地，分別做為國際學舍、國際教育中心、創意園、產學園、國際健康城及國際文化公園使用，並引進具地方特色的微型產業進駐園區。此外，基地將進行「全街廓整體開發」，各街廓採垂直複合使用：低樓層提供商業使用，規劃創意小舖、異國美食、特色書店等，以提升沿街面趣味性，促進交流的活絡；高樓層則作為住宿空間或產學合作場所。此外，為減少引入人潮所帶來的交通衝擊，建築物間將以人行空橋、地下連通走廊及下沉式廣場連接，營造多樣化並具有空間特色的景觀風格，並發展無縫接軌的綠色運輸。

這是大學聯盟首次共同開發計畫，可預期的，計畫開發完成之後，將成為教育國際化未來之星及臺北市新亮點，預估將帶動直接間接投資四百億元，每年吸引五千名以上國際學生來臺學習，創造產值一百億元、三千個就業機會，同時培育一千名青年創業家。

法國巴黎大學城以人為本、建立「活」的記憶，成功創造異質入駐者的共同價值，我們也期盼由

我們灑下的種籽，在未來亦會成為棵棵大樹，片片樹林，這就是堅持與期許。

八校聯手推動的國際創意生活城計畫也有實現的機會，具體達成教育國際化政策、提供青年創業基地、鼓勵大學融入城市及進行在地生活實驗等目標。

可「藝」會不可言喻的臺北城南文創園區

說起學校山上後門旁邊的老泉里周邊，擁有豐富的文化創意產業，例如揚名國際的優人神鼓、屏風表演班、國立臺灣戲曲學院、表演三十六房、臺北曲藝團等，因此我們也曾經想像，若是能將這些文創資源與校內的相關科系（廣播電視學系、廣告系、藝文中心資等）的資源做整合，運用政大人文社會及傳播產學、引進駐校藝術家藝文展演資源及優人神鼓等在地藝文資源，以老泉里基地為匯集藝文能量的總部，結合生態環保概念打造水岸優質景觀，塑造文化創意特色場域，並利用相鄰的木柵農會糧倉區、張家古厝及政大校地等基地，規劃為「臺北城南文創園區」，將可以發展為臺北市南區的文化創意產業重鎮。近年來政府大力推廣文化創意產業，希望讓這股軟實力能為我們帶來經濟效益，執人文社科大學牛耳的政大，特別針對地區文化創意產業的發展可行性，提出塑造「臺北城南文創園區」的規劃構想。

近年來，文山區的都市建設日益完善，計畫內有幾個影響文創園區發展的重要角色，包括政大、老泉里、貓空地區、社區居民及地區政府，思考城南文化創意園區中各個角色的關係，我們建議將靠近景美溪堤岸沿線以及園區內部規劃綠地及水鳥保護區，打造為水岸生態休閒公園，同時以數位藝術產業區、國際藝術村以及創意產業園區的構想，來引入文化創意產業及藝術家，創造產業發展的機會，活絡老泉里的經濟發展。其中數位藝術產業園區是文化育成中心的概念，以創新技術行銷在地文化及藝術，而國際藝術村則參考「寶藏巖國際藝術村」的規劃方式，設置藝術聚落與小型藝術廣場，邀請在地或國際藝術創作者進駐，形成小型藝術生活圈，提供藝術家創作、教育、文化或商業等目的使用，並以實質作品、駐校講座或是育成教育做為回饋。

最後在創意產業區部分，則希望透過「創意設計工坊」、「國際藝術設計村」及「創意產業育成中心」三大單位的設立，提升設計人才素質並且營造人才培育的環境，並建立產學合作關係，培訓創作、行銷人才。希望文創園區的開發可以達到以文化設計產業帶動地區都市再生、結合周邊地區資源創造地區新風貌、提供生產與消費的複合式產業聚集、建立藝術家與廠商交流互動機會、提供藝術家進駐與生活創作空間以及建立文化創意展演與藝術培育環境等目標。

在文創園區的規劃中，我們深切體認到文化創意產業群聚效應必須要有地域空間的支持，一如本書一開始所提到的，產學不能落差大，有市場性，才能構成良性的商業循環，最後再結合當地文化與產業特色，社區、學校及政府單位間的良好互動，發揮文創實力，期許本計畫有朝一日能夠實現，成為臺北市南區的文創基地。

堅持與期許

校園空間是大學體現歷史特色的具體表徵，特別在這個學習無所不在的時代，教師與學生的關係產生了時空上的翻轉，校園生活與真實世界益發緊密相連，沒有圍牆的校園更與社區共生共榮，這些都賦予校園更多元與多重的身分。

從歷史走來，穿過在指南山麓復校的政大校門，就看到民國四十五年落成的志希樓與果夫樓，佇立兩側，正前方則是四維堂，是所有政大學子的共同記憶，無論是早期大會考，還是有四十八年歷史的校歌比賽「文化盃」、以及全國校園音樂指標性大賽的「金旋獎」，都曾在四維堂舉辦，留下無數的青春印記。

隨著時空環境的變化，政大校園也有了很多轉變。這八年來，活化整體校園一直是我們的優先任務，從短期的局部修繕與管理出發，將山上山下兩個校區有效的轉變，提升山上校園的機能，到長期總體規劃與發展，如何由大學來整合資源，有效導入資源，讓創意知識人願意在此工作以融合和服務為原則，讓學校在未來更能展現一個完整的、人文的文山大學城，在在體現了我們以人文社會科學為主導發展的精神。

我們以美國哈佛大學城為標竿，落實在大學城生活，落實在學術與行政資源的投入，讓博雅創新的大學教育、國際一流的專業教育具體實踐；同時致力於研究能力國際化，研究議題在地化，提倡以中文對話，國際發表，保有中文版本，發揮對臺灣社會的影響力，以其他語文在國際學界流通，看見臺灣學術發展，強化本校學術實力，讓政大成為一流的人文學術殿堂，是我們一直念茲在茲的終極目標。

正所謂「十年樹木，百年樹人」，沒有前人的種樹，如何成蔭，後人乘涼？教育更是如此，硬體設備可能幾年甚至幾月就得以更新翻修，而學術的累積，學問的傳承，校園的記憶，都是前人播種，我們栽植，後來收穫，延續下去，而我們灑下的種籽，在未來亦會成為棵棵大樹，片片樹林，這就是堅持與期許。

結語

陳之藩教授曾說：「許許多多的歷史，才能夠培養一點點的傳統」、「許許多多的傳統，才能夠培養出一點點的文化」。過去多年來在指南山下的創新實踐或許還不能稱為是政大的傳統與文化，但已開創出一條政大專屬、具有特色的「指南山下的大學之道」。

書中所提到的許許多多的「嘗試」，已經累積了一點點的「故事」，而這些「故事」，將有機會形塑一點點的「歷史」。我們相信，如果持續不斷地努力，這些嘗試與故事或許有朝一日會形成政大的傳統與文化，更有可能為臺灣的高校開創出一個新的典範。

指南山下甲午年

民國一〇三年，歲次甲午，對政治大學來說，是一個具有高度歷史意義的年份。一百二十年前的甲午，中國因為甲午戰爭割讓臺灣，播下民國革命的種子，間接促成了政大在南京誕生；六十年前的甲午，國民政府播遷來台，政大奉准在台北木柵復校，開啟了一個全新的學術生命。

這一年，全校師生共同歡慶在台復校一甲子，陸續展開一連串活動，包括：水岸劇場跨年音樂會、南京紅紙廊尋根之旅、文山小旅行、李賢文文山春秋畫展、第十四屆駐校藝術家林懷民駐校、圖書館社資中心舉辦胡宗南、羅家倫、尉天驄、陳大齊特展、政大與韓國成均館大學締約五十年暨全球姐妹校國際論壇、世界嘉年華、全球校友返校日、校慶運動大會、校慶大會、蕭萬長、姚瑞光名譽博士頒授典禮等等。經由各處室同仁精心規劃，在極有限的資源下，每項活動不但順暢圓滿舉行，更讓參與的來賓校友產生共鳴、留下美好回憶。充分展現政大行政同仁無限的創意，以及細心用心的行政執行力。

這一年，社會上還發生一件大事，因為服貿協議引發的太陽花學運，前後共計四十天，為歷史上甲午年又添了一分傳奇色彩。在學運過程中，同學們參與學運的熱情充沛旺盛，光是由同學主動發起、在校內羅馬廣場舉辦的民主講堂就高達二十多場，每場吸引數百人參加，更遑論走出校園參與街頭活動的同學。校安同仁們更是一天二十四小時待命繃緊神經，唯恐同學在過程中受到傷害；整體而言，

議題的爭辯雖然熱烈，但校園始終維持平和理性的氛圍。更重要的是，所有的行政同仁依然謹守工作崗位，讓校務如常運作。

每天早上八點走進行政大樓，常會遇到早已忙碌許久的清潔工阿姨、正在各辦公室換置盆栽的工友先生，以及準時到校的行政同仁們；傍晚七點離開辦公室時，六樓秘書處、主計室與人事室總還是燈火通明，默默努力完成他們白天未完成的工作，其他處室想必也是如此。每每看到此景，心中除了滿懷不捨與愧疚之外，更衷心感謝能夠有這一群認真負責、盡忠職守的行政同仁，一起在實踐夢想的路途上打拼。

管理學課本中常說，好的行政像空氣，我們知道它的重要，但常常忽略它的存在。我們何其有幸，能夠在這麼好的環境下工作；但高教的資源明顯不足，同仁的福利越來越少，能回饋給大家的實在有限，僅能以無比珍惜的心情來回報大家。我在行政大樓服務八年以來，能夠有機會和全校師生共同努力、追求高等教育的理想，是一份很難得的機緣。指南山下甲午年，校務的忙碌超乎平常，但追求夢想的熱情未曾稍減，感謝所有共同築夢圓夢的夥伴們，讓實踐夢想的行政大齒輪依然穩定地持續運轉著。在人生的旅途上，有你們真好！

共同圓夢的行政團隊夥伴們：

林碧炤、蔡連康、詹志禹、陳彰儀、林月雲、朱美麗、陳木金、邊泰明、蔡育新、王振寰、周麗芳、苑守慈、陳樹衡、樓永堅、徐聯恩、李蔡彥、劉吉軒、王清欉、黃郁琦、王傳達、紀茂嬌、許淑芳、魏如芬、陳超明、楊亨利、林從一、陳良弼、簡楚瑛、曾守正、楊建民、李有仁、鄭端耀、丁樹範、張上冠、周惠民、游清鑫、陳陞輝、鍾昆原、藍美華、陳幼慧、蔡金火、郭昭佑、匡秀蘭、湯志民、吳榕峯、臧國仁，以及每一位行政夥伴同仁。

索引

政大．蛻變100

綠蠹魚 YLC88

大學的蛻變：指南山下的創新實踐

作者——吳思華等
副總編輯——吳家恆
主編——戴曉楓
監製——李蔡彥
統籌——黃蘭琇
撰稿——王潤農、曾守正、李佩蓉、李錦昌、林毓晴
林柚稘、林紜甄、陳靜瑤、賴位政、戴曉楓
編輯協力——黃珍吾
美術設計——李凌瑋
出版五部總監——林建興
發行人——王榮文
出版發行——遠流出版事業股份有限公司
地址——台北市南昌路二段八十一號六樓
劃撥——0189456-1
傳真——02-2392658
電話——02-23926899
排版——中原造像股份有限公司
著作權顧問——蕭雄淋律師
法律顧問——董安丹律師
二〇一四年七月一日初版一刷
行政院新聞局局版台業字第1295號
新台幣售價350元（如有缺頁或破損，請寄回更換）

ISBN 978-957-32-7444-5

國家圖書出版品發行編目（CIP）資料

大學的蛻變：指南山下的創新與實踐 / 吳思華著.
-- 初版. -- 臺北市：遠流, 2014.07
面； 公分. --（綠蠹魚；YLC88）
ISBN 978-957-32-7444-5(平裝)
1. 國立政治大學
525.833/101　　103011042

遠流博識網
http://www.ylib.com
E-mail: ylib@ylib.com